U0512074

就业蓝皮书
BLUE BOOK OF
EMPLOYMENT

2017年
中国高职高专生就业报告

CHINESE 3-YEAR VOCATIONAL COLLEGE GRADUATES'
EMPLOYMENT ANNUAL REPORT (2017)

麦可思研究院／编　著
王伯庆　周凌波／主　审

社会科学文献出版社
SOCIAL SCIENCES ACADEMIC PRESS（CHINA）

图书在版编目（CIP）数据

2017 年中国高职高专生就业报告 / 麦可思研究院编
著. -- 北京：社会科学文献出版社，2017.6
（就业蓝皮书）
ISBN 978 - 7 - 5201 - 0826 - 3

Ⅰ.①2… Ⅱ.①麦… Ⅲ.①高等职业教育 - 毕业生
- 就业 - 研究报告 - 中国 - 2017 Ⅳ.①G717.38

中国版本图书馆 CIP 数据核字（2017）第 111802 号

就业蓝皮书
2017 年中国高职高专生就业报告

编　　著 / 麦可思研究院
主　　审 / 王伯庆　周凌波

出 版 人 / 谢寿光
项目统筹 / 桂　芳
责任编辑 / 桂　芳　伍勤灿

出　　版 / 社会科学文献出版社·皮书出版分社（010）59367127
　　　　　地址：北京市北三环中路甲 29 号院华龙大厦　邮编：100029
　　　　　网址：www. ssap. com. cn
发　　行 / 市场营销中心（010）59367081　59367018
印　　装 / 三河市东方印刷有限公司

规　　格 / 开 本：787mm × 1092mm　1/16
　　　　　印 张：16　字 数：240 千字
版　　次 / 2017 年 6 月第 1 版　2017 年 6 月第 1 次印刷
书　　号 / ISBN 978 - 7 - 5201 - 0826 - 3
定　　价 / 98.00 元

皮书序列号 / PSN B - 2015 - 472 - 2/2

就业蓝皮书编辑委员会

学术顾问 （按姓名拼音字母排序）

前　言

　　《2017 年中国高职高专生就业报告》除总报告外包括"应届就业报告"、"中期职业发展报告"、"培养质量报告"和"专题分析"这四部分，报告将用数据回答：应届高职高专毕业生就业质量如何？毕业三年后在职场发展后劲如何？高职高专生的社会需求和培养质量如何？

　　"应届就业报告"主要是基于麦可思对 2016 届大学生毕业半年后的跟踪评价，并与 2015 届和 2014 届高职高专毕业生进行三年对比；此外，本年度首次采用中华英才网的招聘大数据，首次分析了招聘行为。该子报告反映应届高职高专毕业生毕业半年后的就业情况，包括就业结果、自主创业、专升本、未就业分析、求职与招聘分析等方面。

　　"中期职业发展报告"基于麦可思对 2013 届毕业生的毕业半年后和三年后的两次跟踪评价，对毕业生进行跨期对比。该子报告反映高职高专毕业生在职场的发展，包括职位晋升、薪资增长、职业变迁、就业满意度等方面。

　　"培养质量报告"主要反映高职高专毕业生在校期间的培养情况，本年度在该子报告中首次采用麦可思智能助教系统（Mita）的教与学行为痕迹数据，将在校生的行为数据与毕业生的主观评价相结合，为高校管理者提升人才培养质量找到新视点。该子报告分析毕业生对母校的总体满意度、教学满意度、教与学行为分析、能力知识评价、在校素养提升等方面。

　　本年度的专题分析是"工科毕业生需求变化趋势分析"、"大学生素养分析"，分析了工科毕业生的需求变化和培养质量问题、素养对毕业生就业质量的影响和促进素养提升的在校活动。

　　本年度报告的特点仍然是以数据和图表来呈现分析结果，而不是表达个人观点。读者可以从自己的专业角度对某一数据或图表背后的因果关系进行深度解读。

特别感谢帮助完善本年度报告的高等教育管理者和研究者，在此不一一具名。报告中所有的错误由作者唯一负责。

感谢读者阅读前言与本报告。限于篇幅，报告仅提供部分数据，如需了解更详细的内容，请联系作者（research@ mycos. com）。

麦可思研究院

2017 年 4 月

目　录

| 总报告

|| 分报告一　应届就业报告

Ⅲ 分报告二 中期职业发展报告

Ⅳ 分报告三 培养质量报告

Ⅴ　专题分析

皮书数据库阅读**使用指南**

图表目录

Ⅰ 总报告

‖   分报告一   应届就业报告

Ⅲ　分报告二　中期职业发展报告

Ⅳ　分报告三　培养质量报告

V　专题分析

总 报 告

B.1
技术报告

一 调查背景介绍

（一）2017年调查数据

1. 调查规模及覆盖面

2017 年度麦可思－全国大学毕业生跟踪评价分为以下两类。

（1）2016 届大学生毕业半年后培养质量的跟踪评价，于 2017 年 3 月初完成，全国高职高专生样本约 14.2 万。覆盖了 1313 个专业，其中高职高专专业为 644 个；覆盖了全国 31 个省、直辖市和自治区；覆盖了大学毕业生能够从事的 635 个职业，其中高职高专毕业生从事的 550 个职业；覆盖了大学毕业生就业的 327 个行业。

（2）麦可思曾对 2013 届大学毕业生进行过毕业半年后培养质量的跟踪评价（2014 年初完成，全国高职高专生样本约 15.3 万）①，2016 年底对此全国样本进行了三年后的再次跟踪评价，全国高职高专生样本约 2.5 万。覆

① 麦可思研究院编著《2014 年中国大学生就业报告》，社会科学文献出版社，2014。

盖了 921 个专业，其中高职高专专业为 568 个；覆盖了全国 30 个省、直辖市和自治区；覆盖了大学毕业生能够从事的 635 个职业，其中高职高专毕业生能够从事的 580 个职业；覆盖了大学毕业生就业的 325 个行业。

2. 调查对象

毕业半年后（2016 届）和三年后（2013 届）的普通高校的大学毕业生：包括"211"院校、非"211"本科院校、高职高专院校、本科院校的高职高专部的毕业生，不包括成人高等教育、军事院校和港澳台院校的毕业生。

3. 调查方式

分别向毕业半年后的 2016 届大学毕业生和毕业三年后的 2013 届大学毕业生以电子邮件方式发放答题邀请函、问卷客户端链接，两类调查的问卷不同。答卷人回答问卷，答题时间为 15～30 分钟。

4. 调查对象分类

2016 届大学毕业生毕业半年后培养质量跟踪评价分为八类大学毕业生群体：

（1）受雇就业，分为受雇全职工作（包括与专业有关和与专业无关）、受雇半职工作两类；

（2）自主创业；

（3）毕业后入伍；

（4）毕业后立刻在国内或国外读研（针对本科毕业生）；

（5）毕业后读本科（针对高职高专毕业生）；

（6）没有就业和求职，在家准备考研或留学；

（7）没有就业，继续求职；

（8）没有就业，暂不求职并且也不准备求学。

2013 届大学毕业生毕业三年后职业发展跟踪评价分为六类大学毕业生群体：

（1）受雇就业，分为与专业有关工作和与专业无关工作两类；

（2）自主创业；

（3）正在读研；

（4）正在读本科（针对高职高专毕业生）；

（5）没有就业，继续求职；

（6）没有就业，暂不求职并且也不准备求学。

5. 调查问题分类

2016届大学毕业生毕业半年后培养质量跟踪评价的问题分为以下七类：

（1）就业状况；

（2）基本工作能力、核心知识、核心课程；

（3）自主创业；

（4）读研（针对本科毕业生）；

（5）专升本（针对高职高专毕业生）；

（6）校友评价；

（7）社团活动参与情况和素养提升。

2013届大学毕业生毕业三年后职业发展跟踪评价的问题分为以下七类：

（1）就业状况；

（2）自主创业；

（3）工作稳定性；

（4）职业能力、职业素养；

（5）职位晋升；

（6）培养反馈；

（7）校友评价。

（二）招聘与教学大数据

1. 中华英才网招聘大数据

大学毕业生期望薪酬、企业下载简历数量这两项指标数据来自中华英才网招聘大数据，数据采集时段为2016年9月至2017年2月，覆盖2500多所高校40多万毕业生。这些信息将打通从高校到职场的反馈渠道。

2. 麦可思智能助教系统（Mita）大数据

教与学的行为数据由Mita麦可思智能助教（www. mita. mycos. com）采集。数据采集时段为2016年9月至2017年3月，目前Mita覆盖570多所高校3000

多位老师 10 万多名学生，每天产生 1.3 万次以上的交互。Mita 实时记录在教与学的过程里所产生的客观行为数据，可以了解老师的教学投入与学生的学习参与，这与学生跟踪评价、雇主反馈等其他渠道产生的数据互为补充。

二　研究概况

（一）研究目标

本调查研究主要采用麦可思公司自主研发的"麦可思中国高等教育供需追踪系统"（CHEFS）来进行。CHEFS 是"以社会需求信息为依据的就业导向"的评价系统，通过跟踪大学毕业生的社会需求满足、就业质量与读研学术准备的结果，把分析结果反馈给高等教育机构，以帮助高等教育机构按社会需求来改进其招生、专业设置、课程设置、课程内容、教学方式和求职服务，实现以社会需求和培养结果评价为重要依据的高校管理过程控制。

（二）研究目的

1. 了解大学毕业生的就业状态及就业质量，发现在满足社会需求方面存在的问题；

2. 了解大学毕业生的自主创业、升学以及未就业的状况；

3. 了解大学毕业生的求职期待以及企业的招聘需求；

4. 了解大学毕业生中期的职业变迁、晋升、薪资增长以及对现状的满意程度；

5. 了解大学毕业生对母校的满意程度以及反馈；

6. 了解高校教师的教学投入与学生的学习参与情况；

7. 了解大学毕业生的能力、知识以及素养的提升情况。

（三）研究样本

本调查需提醒读者注意以下几点：

1. 答题通过电子问卷客户端实现，未被邀请的答题将视为无效。

2. 本研究对调查答题和未答题的样本进行了检验，没有发现存在自我选择性样本偏差问题（Self-selection Bias）①。

3. 对于样本与实际比例的明显差异可能带来的统计误差，本研究采用权数加以修正（即对回收的全国总样本，基于学历、地区、院校类型、专业的实际分布比例进行再抽样）。再抽样后的样本分布与实际分布见表1至表12，大学毕业生的实际分布比例来自中华人民共和国国家统计局网站。

表1　2016届各省份本科毕业生样本人数分布与实际人数分布对比 *

单位：%

省　份	2016届本科样本人数比例	2016届本科毕业生实际人数比例	省　份	2016届本科样本人数比例	2016届本科毕业生实际人数比例
安　徽	3.9	3.9	辽　宁	1.1	4.5
北　京	4.3	3.3	内蒙古	2.0	1.5
福　建	3.2	3.0	宁　夏	<1.0	0.5
甘　肃	1.9	1.9	青　海	<1.0	0.2
广　东	6.9	6.4	山　东	4.7	6.2
广　西	1.4	2.2	山　西	<1.0	2.6
贵　州	<1.0 *	1.7	陕　西	5.0	5.0
海　南	<1.0	0.7	上　海	2.4	2.4
河　北	5.5	4.2	四　川	6.3	4.8
河　南	6.9	6.0	天　津	2.9	2.2
黑龙江	4.6	3.4	西　藏	<1.0	0.1
湖　北	6.6	5.8	新　疆	1.1	1.0
湖　南	2.8	4.4	云　南	1.6	2.3
吉　林	5.3	3.1	浙　江	3.9	4.0
江　苏	6.4	6.4	重　庆	3.8	3.0
江　西	3.3	3.2			

* 表中样本人数比例小于1.0%的数值均用"<1.0"表示，下同。

数据来源：麦可思 – 中国2016届大学毕业生培养质量跟踪评价；中华人民共和国国家统计局。

———————————

① 自我选择性样本偏差问题：是指调查中存在某类群体选择答题的概率和其他群体有明显不同。例如，可能存在就业的毕业生更容易选择参与答题，而没有就业的学生可能不愿意参加答题等。

表 2　2016 届各经济区域本科毕业生样本人数分布与实际人数分布对比

单位：%

各经济区域	2016 届本科样本人数比例	2016 届本科毕业生实际人数比例	各经济区域	2016 届本科样本人数比例	2016 届本科毕业生实际人数比例
泛渤海湾区域经济体	20.0	19.9	西南区域经济体	11.9	11.9
泛长江三角洲区域经济体	19.8	19.9	东北区域经济体	11.0	11.0
中原区域经济体	16.3	16.2	陕甘宁青区域经济体	7.6	7.6
泛珠江三角洲区域经济体	12.3	12.3	西部生态经济区	1.1	1.1

数据来源：麦可思－中国 2016 届大学毕业生培养质量跟踪评价；中华人民共和国国家统计局。

表 3　2016 届各省份高职高专毕业生样本人数分布与实际人数分布对比

单位：%

省　份	2016 届高职高专样本人数比例	2016 届高职高专毕业生实际人数比例	省　份	2016 届高职高专样本人数比例	2016 届高职高专毕业生实际人数比例
安　徽	4.7	4.6	辽　宁	<1.0	3.0
北　京	<1.0	1.1	内蒙古	<1.0	1.7
福　建	2.9	2.9	宁　夏	<1.0	0.4
甘　肃	3.2	1.6	青　海	<1.0	0.2
广　东	8.4	8.3	山　东	8.4	8.0
广　西	3.4	3.5	山　西	3.3	3.0
贵　州	1.7	1.7	陕　西	2.7	4.0
海　南	<1.0	0.7	上　海	1.5	1.5
河　北	5.6	5.2	四　川	5.6	5.5
河　南	7.1	7.2	天　津	1.8	1.8
黑龙江	3.0	2.3	西　藏	<1.0	0.1
湖　北	5.7	5.8	新　疆	1.5	1.4
湖　南	4.7	4.7	云　南	1.9	2.0
吉　林	3.0	1.6	浙　江	3.9	3.8
江　苏	6.1	6.1	重　庆	2.5	2.5
江　西	3.8	3.9			

数据来源：麦可思－中国 2016 届大学毕业生培养质量跟踪评价；中华人民共和国国家统计局。

表4　2016届各经济区域高职高专毕业生样本人数分布与实际人数分布对比

单位：%

各经济区域	2016届高职高专样本人数比例	2016届高职高专毕业生实际人数分布	各经济区域	2016届高职高专样本人数比例	2016届高职高专毕业生实际人数分布
泛渤海湾区域经济体	20.8	20.8	西南区域经济体	11.8	11.7
泛长江三角洲区域经济体	19.9	20.0	东北区域经济体	6.8	6.9
中原区域经济体	17.5	17.7	陕甘宁青区域经济体	6.3	6.1
泛珠江三角洲区域经济体	15.5	15.4	西部生态经济区	1.5	1.5

数据来源：麦可思－中国2016届大学毕业生培养质量跟踪评价；中华人民共和国国家统计局。

表5　2016届各学科门类本科毕业生样本人数分布与实际人数分布对比

单位：%

本科学科门类	2016届本科样本人数比例	2016届本科毕业生实际人数比例	本科学科门类	2016届本科样本人数比例	2016届本科毕业生实际人数比例
工　学	33.9	32.0	教育学	3.3	3.8
管理学	20.0	18.4	法　学	2.8	3.6
文　学	18.6	18.9	农　学	<1.0	1.7
理　学	8.9	9.2	历史学	<1.0	0.5
经济学	7.0	5.8	哲　学	<1.0	0.1
医　学	4.2	6.1			

数据来源：麦可思－中国2016届大学毕业生培养质量跟踪评价；中华人民共和国国家统计局。

表6　2016届各专业大类高职高专毕业生样本人数分布与实际人数分布对比

单位：%

高职高专专业大类	2016届高职高专样本人数比例	2016届高职高专毕业生实际人数比例	高职高专专业大类	2016届高职高专样本人数比例	2016届高职高专毕业生实际人数比例
财经大类	22.8	21.2	资源开发与测绘大类	2.0	1.4
土建大类	13.6	12.5	材料与能源大类	1.9	1.2
制造大类	13.6	12.7	农林牧渔大类	1.7	1.7
电子信息大类	9.8	9.1	轻纺食品大类	1.6	1.6
医药卫生大类	8.4	10.2	公共事业大类	1.1	1.0
文化教育大类	5.8	9.3	水利大类	1.1	0.5
交通运输大类	5.7	5.0	环保、气象与安全大类	<1.0	0.5
艺术设计传媒大类	3.7	4.9	法律大类	<1.0	1.1
生化与药品大类	3.3	2.1	公安大类	<1.0	0.4
旅游大类	3.1	3.4			

数据来源：麦可思－中国2016届大学毕业生培养质量跟踪评价；中华人民共和国国家统计局。

表7　2013届各省份本科毕业生样本人数分布与实际人数分布对比

单位：%

省　份	2013届本科毕业三年后样本人数比例	2013届本科毕业生实际人数比例	省　份	2013届本科毕业三年后样本人数比例	2013届本科毕业生实际人数比例
安　徽	4.3	3.8	辽　宁	3.0	4.6
北　京	4.2	3.6	内蒙古	1.7	1.6
福　建	3.0	2.9	宁　夏	<1.0	0.4
甘　肃	2.1	1.9	青　海	<1.0	0.2
广　东	7.0	6.4	山　东	7.1	6.2
广　西	2.2	2.0	山　西	1.2	2.4
贵　州	1.7	1.5	陕　西	4.5	4.3
海　南	<1.0	0.7	上　海	2.9	2.8
河　北	5.0	4.6	四　川	5.4	5.1
河　南	6.2	5.6	天　津	2.4	2.2
黑龙江	2.1	3.7	西　藏	<1.0	0.2
湖　北	6.3	5.6	新　疆	<1.0	1.0
湖　南	4.2	4.4	云　南	2.4	2.1
吉　林	1.9	3.3	浙　江	4.2	4.1
江　苏	7.5	7.0	重　庆	2.7	2.6
江　西	3.5	3.2			

数据来源：麦可思–中国2013届大学毕业生三年后职业发展跟踪评价；中华人民共和国国家统计局。

表8　2013届各经济区域本科毕业生样本人数分布与实际人数分布对比

单位：%

各经济区域	2013届本科毕业三年后样本人数比例	2013届本科毕业生实际人数比例	各经济区域	2013届本科毕业三年后样本人数比例	2013届本科毕业生实际人数比例
泛长江三角洲区域经济体	22.3	20.9	西南区域经济体	12.2	11.3
泛渤海湾区域经济体	21.6	20.5	陕甘宁青区域经济体	7.2	6.9
中原区域经济体	16.7	15.7	东北区域经济体	7.0	11.6
泛珠江三角洲区域经济体	13.0	12.0	西部生态经济区	<1.0	1.2

数据来源：麦可思–中国2013届大学毕业生三年后职业发展跟踪评价；中华人民共和国国家统计局。

表9　2013届各省份高职高专毕业生样本人数分布与实际人数分布对比

单位：%

省　份	2013届高职高专毕业三年后样本人数比例	2013届高职高专毕业生实际人数比例	省　份	2013届高职高专毕业三年后样本人数比例	2013届高职高专毕业生实际人数比例
安　徽	4.9	4.9	辽　宁	2.9	3.0
北　京	1.2	1.1	内蒙古	1.9	1.8
福　建	3.2	3.1	宁　夏	<1.0	0.3
甘　肃	1.6	1.5	青　海	<1.0	0.2
广　东	7.4	7.1	山　东	8.8	8.2
广　西	3.5	3.5	山　西	3.4	3.1
贵　州	1.1	1.5	陕　西	3.7	3.6
海　南	<1.0	0.7	上　海	1.7	1.7
河　北	5.2	5.9	四　川	5.2	4.9
河　南	8.1	7.9	天　津	1.8	1.7
黑龙江	2.5	2.2	西　藏	<1.0	0.1
湖　北	6.0	6.0	新　疆	1.4	1.3
湖　南	4.7	4.8	云　南	2.1	2.0
吉　林	<1.0	1.4	浙　江	3.8	3.7
江　苏	6.2	6.3	重　庆	2.3	2.2
江　西	4.1	4.3			

数据来源：麦可思－中国2013届大学毕业生三年后职业发展跟踪评价；中华人民共和国国家统计局。

表10　2013届各经济区域高职高专毕业生样本人数分布与实际人数分布对比

单位：%

各经济区域	2013届高职高专毕业三年后样本人数比例	2013届高职高专毕业生实际人数比例	各经济区域	2013届高职高专毕业三年后样本人数比例	2013届高职高专毕业生实际人数比例
泛渤海湾区域经济体	22.3	21.8	西南区域经济体	10.7	10.6
泛长江三角洲区域经济体	20.8	20.9	陕甘宁青区域经济体	5.8	5.7
中原区域经济体	18.9	18.7	东北区域经济体	5.4	6.6
泛珠江三角洲区域经济体	14.9	14.4	西部生态经济区	1.4	1.4

数据来源：麦可思－中国2013届大学毕业生三年后职业发展跟踪评价；中华人民共和国国家统计局。

表11 2013届各学科门类本科毕业生样本人数分布与实际人数分布对比

单位：%

本科学科门类	2013届本科毕业三年后样本人数比例	2013届本科毕业生实际人数比例	本科学科门类	2013届本科毕业三年后样本人数比例	2013届本科毕业生实际人数比例
工 学	32.0	31.4	法 学	3.9	3.9
管理学	18.0	17.2	教育学	3.8	3.6
文 学	17.0	19.2	农 学	1.7	1.8
理 学	11.1	10.2	历史学	<1.0	0.5
医 学	6.9	6.2	哲 学	<1.0	0.1
经济学	4.8	5.9			

数据来源：麦可思－中国2013届大学毕业生三年后职业发展跟踪评价；中华人民共和国国家统计局。

表12 2013届各专业大类高职高专毕业生样本人数分布与实际人数分布对比

单位：%

高职高专专业大类	2013届高职高专毕业三年后样本人数比例	2013届高职高专毕业生实际人数比例
财经大类	21.9	21.2
制造大类	13.9	13.0
土建大类	11.7	11.2
电子信息大类	10.1	9.7
文化教育大类	7.4	10.6
医药卫生大类	6.6	9.6
交通运输大类	4.7	4.4
艺术设计传媒大类	4.3	4.8
旅游大类	3.7	3.3
生化与药品大类	3.2	2.4
材料与能源大类	2.6	1.4
轻纺食品大类	2.4	1.7
农林牧渔大类	2.3	1.8
资源开发与测绘大类	2.2	1.5
公共事业大类	1.2	1.0
环保、气象与安全大类	<1.0	0.5
法律大类	<1.0	1.2
水利大类	<1.0	0.4
公安大类	<1.0	0.3

数据来源：麦可思－中国2013届大学毕业生三年后职业发展跟踪评价；中华人民共和国国家统计局。

（四）基本研究框架

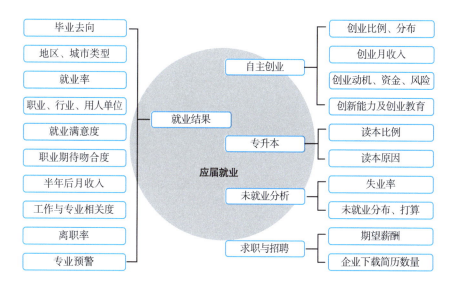

图1　分报告一基本研究框架

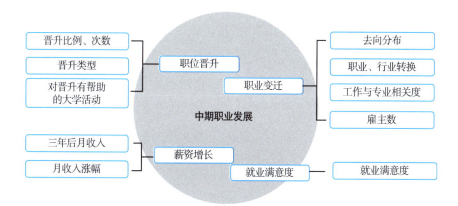

图2　分报告二基本研究框架

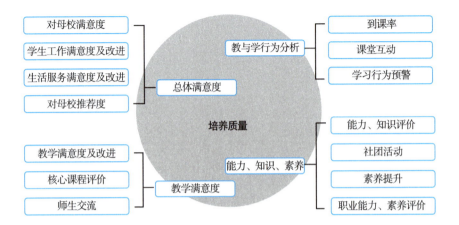

图3　分报告三基本研究框架

B.2
主要结论

"教育强则国家强。高等教育发展水平是一个国家发展水平和发展潜力的重要标志。实现中华民族伟大复兴，教育的地位和作用不可忽视"。习近平主席在全国高校思想政治工作会议上的重要讲话为高等教育发展明确了战略方向，也为解读新鲜出炉的2016届大学毕业生就业数据奠定了基调。有全国代表性的、长期连续跟踪的大学生就业数据帮助政府决策者和高校管理者了解大学生就业、就业反映的产业结构变化和区域经济变化、各类型高校与专业的人才培养质量。

麦可思自2007年开始进行大学毕业生跟踪评价，并从2009年开始根据评价结果每年发布《中国大学生就业报告》（就业蓝皮书），迄今已连续九年出版就业蓝皮书，建立了2006~2016届中国大学毕业生就业数据库。无论是数据的全国覆盖规模，还是时间的持续性，在世界和中国高等教育领域都是独一的，对世界和中国研究大学生就业、培养质量和社会需求有不可替代的作用。

除了对应届生进行毕业半年后就业状况的短期跟踪评价，麦可思还对同一毕业生样本进行三年后的再跟踪评价，这样反馈回来的社会需求从时间跨度来看更为全面。今年首次引用了中华英才网研究院的大学生期望薪资以及企业下载简历数这两项指标，从期望薪资与实际薪资之间的落差，从求职者与雇主供需双方，打通了从高校到职场的反馈渠道。除了劳动力市场信息外，麦可思还让大学毕业生对在校期间的核心课程、师生互动、知识/能力/素养提升等进行评价，并首次采用Mita麦可思智能助教系统的教与学行为痕迹数据，分析在近4000个真实大学课堂上每天发生的上万次考勤、测验、提问、学习预警等行为。在校生的客观行为与毕业生的主观评价相结合，既有过程，也有结果，为高校管理者提升人才培养质量找到新视点。

[解读1] 就业率整体稳定

2016届①高职高专生毕业半年后的就业率为91.5%，与2015届（91.2%）基本持平。从去向分布来看，2016届高职高专毕业生"受雇全职工作"的比例为80.7%，较2015届（80.5%）高了0.2个百分点；"毕业后读本科"的比例为4.9%，较2015届（4.7%）高了0.2个百分点。

从读本动机来看，2016届高职高专毕业生的主要驱动力是"想去更好的大学"（29%）、"职业发展需要"（27%）和"就业前景好"（26%）。从专业大类来看，读本比例较高的是文化教育大类（7.4%）、财经大类（6.4%）与艺术设计传媒大类（6.0%）。基于这些数据，政府决策者可进行战略布局，完善现代职业教育体系。高校管理者（尤其是财经、传媒院校或专业）可在课程设置、学生指导、职业规划等方面强化与读本相关的工作。

通过对中华英才网招聘端2016年9月到2017年2月的大数据挖掘发现，高职高专毕业生简历平均被企业下载数量为2.5次，低于本科毕业生的3.6次，可见高职高专毕业生通过网络平台的招聘端进行求职的活跃度不高。

［解读2］现代服务业就业比例持续增长

现代服务业正以前所未有的发展势头，为国家经济发展注入充沛的活力，成为经济升级转型的重要驱动力。根据麦可思数据，高职高专毕业生在现代服务业的就业比例连续五年持续上升，2016届占比（60.9%）比2012届的51.6%上升了9.3个百分点。高职高专毕业生在"医疗和社会护理服务业"、"金融（银行/保险/证券）业"和"教育业"等行业的就业比例增长是引领整个现代服务业发展的关键。2016届高职高专毕业生在"医疗和

---

① 解读中提到的往届数据，均出自相应年份的《中国大学生就业报告》，其中2012～2015届毕业半年后全国高职高专生样本量分别约为14.6万、15.3万、13.8万、12.7万；2011届、2012届毕业三年后全国高职高专生样本量分别约为2.9万、1.9万。

社会护理服务业"的就业比例（7.5%）比2012届（3.2%）高4.3个百分点，在现代服务业中上升幅度最大；其次是"金融（银行/保险/证券）业"（高3个百分点）和"教育业"（高1.4个百分点）。这与国家持续推进金融、教育、文化、医疗等服务业领域有序开放，对服务型人才的需求增加有关。

从薪资来看，在"金融（银行/保险/证券）业"就业的2013届高职高专生毕业半年后和三年后的月收入均处于行业类较高水平，分别为3238元和6738元，上涨幅度较大（108%）。在"医疗和社会护理服务业"就业的2013届高职高专生毕业半年后月收入较低（2561元），三年后的月收入上升为5024元，上涨幅度较大（96%）；医疗行业的这种需求量增长、起薪低、后劲足但释放期晚的特点，需要高校管理者在评价类似专业应届毕业生时给予注意，注重毕业生职业发展评价，关注劳动力市场反馈的信息。在"教育业"就业的2013届高职高专生毕业半年后月收入较低（2607元），三年后上升为4607元，上涨幅度较小（77%）；虽然在"教育业"就业的月收入和涨幅较低，但是就业满意度较高（70%），伴随着国家陆续推行教师工资改革，未来的教师收入可能会有所提高。

［解读3］以建筑、加工制造为主的传统产业面临挑战

在产业转型升级的背景下，传统产业（例如建筑、加工制造）面临挑战，值得关注。从近三年的就业数量来看，建筑业吸纳高职高专毕业生的能力最高，2014届高职高专毕业生从事建筑业的比例为12.8%，2015届下降到12.1%，2016届（12.4%）略有回升。从薪资水平来看，2016届进入建筑业的高职高专毕业生月收入为3271元，与全国高职高专毕业生平均起薪（3599元）相比低了10%。

以加工为主的劳动密集型制造业，例如机械五金、电子电气等继续面临下行压力。从吸纳毕业生的规模来看，2016届高职高专毕业生在电子电气仪器设备及电脑制造业的就业比例由2014届的5.8%下降到4.8%，在机械五金制造业的就业比例也从4.5%下降到3.0%，在交通工具制造

业的就业比例从 4.4% 下降到 2.7%，均呈现持续下降的趋势。从就业满意度来看，满意度最低的十大行业里，制造业占了七席，分别是印刷及相关产业、音频和视频设备制造业、树脂/合成橡胶/合成纤维及人造丝制造业、金属加工成套设备制造业、其他化工产品制造业、基础化学用品制造业、家用电器制造业。

从地理区域来看，东部地区的制造业需求下降最为明显。该地区工科大类高职高专毕业生在制造业的比例由 2012 届的 37.0% 下降到 2016 届的 27.8%，下跌 9.2 个百分点。东部地区是制造业集聚区，该地区的工科大类高职高专毕业生从事的制造业主要集中在电子电气仪器设备及电脑制造业、机械五金制造业、交通工具制造业。其中，电子电气仪器设备及电脑制造业和机械五金制造业人才需求的下降比例较大。该地区 2012 届工科大类高职高专毕业生从事电子电气仪器设备及电脑制造业和机械五金制造业的比例分别为 11.4% 和 8.1%，到 2016 届均下降 2.6 个百分点（分别为 8.8% 和 5.5%）。

［解读4］民企用人比例增加，外企下降

从雇主类型来看，高职高专毕业生在民营企业的就业比例已近七成，2016 届达到了 68%，高于 2015 届（67%）。这一趋势伴随着外企对毕业生需求的疲软，2016 届高职高专毕业生在中外合资/外资/独资企业的就业比例仅有 7%，低于 2015 届（8%）。这些变化反映出民营企业对毕业生就业支撑的力度加大。

进一步分析发现，民企中就业于"教育业"、"金融（银行/保险/证券）业"、"媒体、信息及通信产业"、"医疗和社会护理服务业"行业类的高职高专毕业生占比较高且近年来有所提升。民企中"教育业"占比由 2014 届的 4.0% 上升到 2016 届的 5.8%，增加 1.8 个百分点；其次是"金融（银行/保险/证券）业"占比由 2014 届的 5.6% 上升到 2016 届的 7.1%，增加 1.5 个百分点；"媒体、通信及信息产业"、"医疗和社会护理服务业"占比分别由 2014 届的 6.1%、4.2% 上升到 2016 届的 7.2%、5.3%，均上涨 1.1

个百分点。

高职高专毕业生在外资企业的就业比例逐年下降。外资企业中就业于"交通工具制造业"、"电子电气仪器设备及电脑制造业"、"机械五金制造业"行业类的高职高专毕业生占比均有下降。其中"交通工具制造业"占比由 2014 届的 13.3% 下降到 2016 届的 6.5%，下降幅度最大（6.8 个百分点）；其次是"电子电气仪器设备及电脑制造业"占比由 2014 届的 14.0% 下降到 2016 届的 11.5%，下降 2.5 个百分点；"机械五金制造业"占比由 2014 届的 9.0% 下降到 2016 届 6.6%，下降 2.4 个百分点。这与我国以劳动密集型为主的低端加工制造业加速向外转移有关。

［解读5］创业教育的效果应从长考量，不应过度看重毕业时的创业比例

毕业半年后自主创业的 2013 届高职高专毕业生有 46.8% 的人三年后还在继续自主创业，比 2012 届（47.5%）低了 0.7 个百分点，三年内超过一半高职高专创业人群退出创业市场，创业失败风险不容忽视。同时，2013 届高职高专生毕业半年后自主创业的比例为 3.3%、三年后为 8.0%。可见，有更多毕业生在毕业三年内选择了自主创业，毕业生的创业效果应从长考量，不能只局限于毕业时的创业人数。

从 2014 年李克强总理提出"大众创业、万众创新"以来，高校陆续开展了创新创业教育。2016 届高职高专毕业生接受母校提供的创新创业教育比例最高的是创业辅导活动（55%），其次是创业教学课程（29%），创业实践活动（11%）、创业竞赛活动（11%）的参与比例较低，创业教育整体覆盖面有待提升。

［解读6］培养质量的持续改进是关键

2016 届高职高专毕业生对母校教学的满意度为 89%，比 2015 届（87%）高 2 个百分点。在培养过程的反馈中，2016 届高职高专毕业生认为母校的教学最需要改进的地方为"实习和实践环节不够"（61%），其次为

"无法调动学生学习兴趣"（49%）。

提高师生互动频率是调动学生学习兴趣的途径之一，麦可思智能助教系统（Mita）为高校教师提供了在课堂上与学生互动的平台。课堂学习行为数据显示，高职高专院校有46%利用Mita在课堂上进行提问，低于本科院校（53%）7个百分点，有17%利用Mita进行课堂测验，低于本科院校（29%）12个百分点。高职高专院校可加强对技术平台的利用，进一步提高师生互动频率，以促进学生学习兴趣的提升。

在培养结果的反馈中，工科大类专业中计算机类毕业生由于能力不足没有在专业相关领域就业的比例最高。数据显示，2016届从事专业无关工作的计算机类高职高专毕业生有29.9%是因为"达不到专业相关工作的要求"，高于工科类高职高专毕业生平均水平（12%）17.9个百分点。计算机类人才是为新一代信息技术产业提供专业技术动力的人才，增加其培养数量的同时需注意培养质量的提升。该类毕业生认为重要度最高的前三项能力，电脑编程（74%）、系统分析（72%）、疑难排解（71%）的满足度（分别为65%、68%、78%）均低于工科高职高专毕业生的平均水平（82%）。计算机类专业教师可针对能力培养反馈持续改进教学。

［解读7］素养提升有助于毕业三年后的职场晋升

素养是大学生毕业三到五年后职业发展的重要基石。2016届高职高专毕业生中认为在校期间有所提升的比例最高的素养是"人生的乐观态度"（64%）和"积极努力、追求上进"（63%），比例最低的是"人文美学"（28%）。素养提升与在校体验、职场晋升都有相关性。

在校期间素养提升比例越高，毕业生对母校的满意度就越高。2016届高职高专毕业生在校期间素养提升较多的群体对母校的满意度为92%，明显高于素养提升较少的群体（84%）；2013届高职高专毕业生在校期间素养提升较多的群体在毕业三年内职位晋升比例为63%，比素养提升较少的群体（58%）高出5个百分点。

分报告一 应届就业报告

第一章 就业结果

一 毕业去向

（一）总体毕业去向分布

1. 在2016届大学毕业生中，有78.8%的人毕业半年后受雇全职或半职工作，3.0%的人自主创业，0.4%的人入伍；有10.3%的人升学，其中6.7%正在国内读研，1.1%正在港澳台及国外读研，2.5%正在读本科；有7.5%的人处于失业状态，其中1.1%准备国内外读研，4.0%准备继续寻找工作，还有2.4%放弃了继续求职和求学。

2. 2016届大学生毕业半年后"受雇全职工作"的比例（77.3%）与2015届（77.4%）基本持平，与2014届（79.2%）相比有所下降；"自主创业"的比例（3.0%）与2015届、2014届（分别为3.0%、2.9%）基本持平；"正在读研/读本"的比例（10.3%）略高于2015届、2014届（10.1%、8.9%）；"无工作，继续寻找工作"的比例（4.0%）略高于2015届、2014届（分别为3.9%、3.7%）。

3. 2016届高职高专生毕业半年后"受雇全职工作"的比例（80.7%）与2015届（80.5%）相比略高，与2014届（81.7%）相比有所下降；"自主创业"的比例（3.9%）与2015届、2014届（分别为3.9%、3.8%）基本持平；"毕业后读本科"的比例（4.9%）与2015届、2014届（分别为4.7%、4.2%）相比有所提升，连续三届呈上升趋势。

（二）就业地分布

2016届高职高专生毕业半年后就业区域主要集中在泛长江三角洲区域（包括上海、江苏、浙江、江西、安徽），占23.0%；泛珠江三角洲区域（包括广东、广西、福建、海南），占21.9%；泛渤海湾区域（包括北京、天津、山东、河北、内蒙古、山西），占20.8%。

（三）就业城市类型

2016届大学生毕业半年后有16%在直辖市就业，28%在副省级城市就业，56%在地级城市及以下就业。其中本科毕业生在直辖市就业的比例比高职高专毕业生高9个百分点（分别为21%和12%）。大学生连续三届就业的城市类型分布比较稳定。

二　就业数量

（一）总体就业率

1. 2016届大学生毕业半年后的就业率（91.6%）与2015届（91.7%）基本持平，比2014届（92.1%）略低。其中，本科院校2016届毕业生毕业半年后的就业率为91.8%，与2015届（92.2%）基本持平，比2014届（92.6%）略低；高职高专院校2016届毕业生毕业半年后的就业率为91.5%，与2015届、2014届（分别为91.2%、91.5%）基本持平。从近三届的趋势可以看出，大学生毕业半年后就业率呈现平稳态势。

2. 2016届泛长江三角洲区域经济体高职高专院校毕业生毕业半年后的就业率最高（93.9%），且三年连续上升；西部生态经济区最低（85.1%），且三年连续下降。

（二）专业分析

1. 2016届高职高专生毕业半年后就业率最高的专业大类是生化与药品大类（93.4%），最低的是资源开发与测绘大类（87.5%）。从三届的就业率变化趋势可以看出，高职高专专业大类中的公共事业大类、交通运输大类、艺术设计传媒大类、资源开发与测绘大类毕业生毕业半年后就业率持续上升，医药卫生大类毕业生毕业半年后就业率持续下降。

2. 2016届高职高专毕业生毕业半年后就业率前三位的专业是高压输配电线路施工运行与维护（98.7%）、电力系统自动化技术（95.9%）、电力系统继电保护与自动化（95.8%）。

（三）职业分析

1. 2016届高职高专生毕业半年后从事最多的职业类是"销售"，就业比例为10.8%，其次是"财务/审计/税务/统计"（10.0%）。与2014届相比，2016届高职高专毕业生就业比例增加较多的职业类为"金融（银行/基金/证券/期货/理财）"（增加1.5个百分点）；就业比例降低最多的职业类为"机械/仪器仪表"，降低了2.0个百分点。

2. 从三届的就业趋势中可以看出，在就业比例较大的职业类中，高职高专毕业生从事"金融（银行/基金/证券/期货/理财）"和"美术/设计/创意"职业类的比例逐届增加，从事"机械/仪器仪表"和"机动车机械/电子"职业类的比例逐届降低。

（四）行业分析

1. 2016届高职高专生毕业半年后就业最多的行业类是"建筑业"（12.4%），其次是"金融（银行/保险/证券）业"和"医疗和社会护理服务业"（均为7.5%）。与2014届相比，2016届高职高专毕业生就业比例增加较多的行业类为"教育业"（增加1.8个百分点）、"金融（银行/保险/证券）业"（增加1.7个百分点）和"媒体、信息及通信产业"（增加1.2个百分点）；就业比例降低最多的行业类是"交通工具制造业"，降低了1.7个百分点。

2. 从三届的就业趋势可以看出，在就业比例排名前十位的行业类中，高职高专毕业生在"教育业"和"各类专业设计与咨询服务业"行业类就业的比例逐届增加，在"电子电气仪器设备及电脑制造业"和"其他服务业（除行政服务）"行业类就业的比例逐届降低。

（五）用人单位分析

1. "民营企业/个体"（60%）是2016届大学毕业生就业最多的用人单位类型，本科院校中有53%的毕业生就业于"民营企业/个体"，高职高专院校中有68%的毕业生就业于"民营企业/个体"。

2. 2016届大学毕业生就业比例最高的用人单位规模是300人及以下规模的中小型用人单位（55%），其中本科毕业生这一比例为49%，高职高专毕业生为61%。

三 就业质量

（一）就业满意度

1. 2016届大学毕业生的就业满意度为65%，比2015届（62%）高3

个百分点。其中，本科院校 2016 届毕业生的就业满意度为 66%，比 2015 届（63%）高 3 个百分点；高职高专院校 2016 届毕业生的就业满意度为 63%，比 2015 届（61%）高 2 个百分点。

2. 2016 届高职高专毕业生对就业现状不满意的主要原因是"收入低"（64%）、"发展空间不够"（56%）。

3. 在 2016 届高职高专专业大类中，毕业生毕业半年后就业满意度最高的为医药卫生大类、农林牧渔大类（均为 66%），最低的为资源开发与测绘大类（57%）。

4. 2016 届高职高专生毕业半年后就业满意度最高的职业是"航空乘务员"（85%），最低的职业是"搬运工（不包括机器操作人员）"（32%）。

5. 2016 届高职高专生毕业半年后就业满意度最高的行业是"铁路运输业"（82%），最低的行业是"土地规划业"和"印刷及相关产业"（均为50%）。

6. 2016 届高职高专生毕业半年后在"政府机构/科研或其他事业单位"的就业满意度最高（70%），在"非政府或非营利组织（NGO 等）"的就业满意度最低（60%）。

7. 2016 届高职高专生毕业半年后在泛渤海湾区域经济体和泛长江三角洲区域经济体就业的满意度（均为 65%）最高。

（二）职业期待吻合度

1. 2016 届大学毕业生工作与职业期待的吻合度为 48%，与 2015 届（47%）基本持平。其中，本科和高职高专院校 2016 届毕业生工作与职业期待的吻合度分别为 51%、45%，均与 2015 届（分别为 50%、44%）基本持平。

2. 2016 届认为工作与职业期待不吻合的高职高专毕业生中，有 31% 的人认为"不符合自己的职业发展规划"，其次是"不符合自己的兴趣爱好"（23%）。

3. 在 2016 届高职高专专业大类毕业生中，毕业半年后职业期待吻合度最高的为医药卫生大类、文化教育大类（均为 53%），最低的为资源开发与测绘大类（38%）。

（三）薪资分析

1. 2016届大学毕业生月收入（3988元）比2015届（3726元）增长了262元，比2014届（3487元）增长了501元。其中，本科院校2016届毕业生月收入（4376元）比2015届（4042元）增长了334元，比2014届（3773元）增长了603元；高职高专院校2016届毕业生月收入（3599元）比2015届（3409元）增长了190元，比2014届（3200元）增长了399元。从近三届的趋势可以看出，大学生毕业半年后月收入呈现上升趋势。

2. 2016届高职高专毕业生月收入在6000元以上的比例为7.0%，比2015届（5.7%）高1.3个百分点；月收入在1500元以下的比例为2.0%，低于2015届（2.8%）。

3. 在2016届高职高专专业大类中，毕业生毕业半年后月收入最高的是电子信息大类（3939元），最低的是医药卫生大类（3210元）。

4. 2016届高职高专生毕业半年后月收入最高的职业类是"经营管理"（4557元），其后是"房地产经营"（4494元）、"航空机械/电子"（4359元）。

5. 2016届高职高专生毕业半年后月收入最高的行业类为"金融（银行/保险/证券）业"（4139元），其次是"运输业"（4113元）。

6. 2016届高职高专生毕业半年后在"中外合资/外资/独资"单位就业的人群月收入最高（3998元）；与2015届相比，2016届高职高专毕业生在各类型用人单位就业的月收入都有所上升。

7. 2016届高职高专毕业生在"3000人以上"规模的大型用人单位就业的月收入最高（4138元）；与2015届相比，2016届高职高专毕业生在各规模用人单位就业的月收入都有所上升。

8. 2016届高职高专生毕业半年后在泛长江三角洲区域经济体就业的月收入最高，为3821元。

（四）工作与专业相关度

1. 2016届大学毕业生的工作与专业相关度为66%，与2015届（66%）持平。其中，本科和高职高专院校2016届毕业生的工作与专业相关度分别为 70%、62%，均与 2015 届（分别为 69%、62%）基本持平。

2. 2016 届高职高专毕业生选择与专业无关工作的主要原因是"迫于现实先就业再择业"和"专业工作不符合自己的职业期待"（均为 28%）。

3. 在 2016 届高职高专专业大类中，专业相关度最高的是医药卫生大类（89%），其次是材料与能源大类（72%），最低的是旅游大类（50%）。

（五）离职率

1. 2016 届大学毕业生毕业半年内的离职率为 34%，与 2015 届（34%）持平。其中，本科和高职高专院校 2016 届毕业生毕业半年内离职率分别为 24%、43%，与 2015 届（分别为 24%、43%）持平。

2. 在 2016 届高职高专专业大类中，医药卫生大类半年内离职率最低（21%），艺术设计传媒大类的半年内离职率最高（52%）。

3. 2016 届高职高专生毕业半年内离职的人群有 99% 发生过主动离职，主动离职的主要原因是"薪资福利偏低"和"个人发展空间不够"（均为 47%）。

（六）专业预警

1. 2017 年高职高专就业红牌专业包括：法律事务、语文教育、图形图像制作、初等教育、会计电算化；黄牌专业包括：财务管理、建筑工程管理、食品营养与检测、影视动画。以上专业部分与 2016 年的红黄牌专业相同，属于失业量较大，就业率、薪资和就业满意度综合较低的高失业风险型专业，这些专业具有持续性。

2. 2017 年高职高专就业绿牌专业包括：市场营销、电气化铁道技术、电力系统自动化技术、软件技术、视觉传达、发电厂及电力系统。以上专业部分与 2016 年的绿牌专业相同，属于失业量较小，就业率、薪资和就业满意度综合较高的需求增长型专业。

3. 出现红、黄牌专业的原因既可能是供大于求，也可能是培养质量达不到岗位需求，而这是导致大学毕业生找不到工作与企业招不到人才的原因之一。专业预警分析可以引导政府和高校主动调整学科专业设置，提高人才培养质量，增强高等教育的人才培养对社会需求的质与量的敏感性和反应性，从而更好地建立与社会需求相适应的专业结构。

第二章　自主创业

（一）自主创业比例

1. 2016 届大学生毕业半年后自主创业的比例为 3.0%，与 2015 届、2014 届（分别为 3.0%、2.9%）基本持平。2016 届高职高专生毕业半年后自主创业的比例（3.9%）高于本科毕业生（2.1%）。从近三届的趋势可以看出，大学毕业生自主创业的比例呈现平稳态势。

2. 2016 届高职高专毕业生自主创业比例最高的就业经济区域为中原区域经济体（5.0%）。

（二）创业人群分布

1. 2013 届大学生毕业半年后有 2.3% 的人自主创业（本科为 1.2%，高职高专为 3.3%），三年后有 5.9% 的人自主创业（本科为 3.8%，高职高专为 8.0%），说明有更多的毕业生在毕业三年内选择了自主创业。

2. 毕业半年后自主创业的 2013 届高职高专毕业生中有 46.8% 的人三年后还在继续自主创业，比 2012 届（47.5%）略低；有 47.7% 的人选择了受雇全职工作，比 2012 届（48.4%）略低。

（三）创业职业、行业分布

1. 2016 届高职高专生毕业半年后自主创业主要集中在销售类职业（17.6%）；2013 届高职高专生毕业三年后自主创业也主要集中在销售类职业（17.2%）。

2. 2016 届高职高专生毕业半年后自主创业主要集中在零售商业（13.9%）；2013 届高职高专生毕业三年后自主创业也主要集中在零售商业（14.3%）。

（四）自主创业月收入

1. 2016 届高职高专生毕业半年后自主创业人群的月收入为 4717 元，比 2016 届高职高专生毕业半年后平均月收入（3599 元）高 1118 元。

2. 2013 届高职高专生毕业半年后自主创业人群的月收入为 3871 元，在毕业三年后为 8632 元，涨幅比例为 123%，明显高于 2013 届高职高专毕业生平均水平（半年后为 2940 元，三年后为 5312 元，涨幅为 81%）。

（五）自主创业动机

创业理想是 2016 届高职高专毕业生自主创业最重要的动力（44%），选择自主创业的毕业生中，绝大多数（85%）属于"机会型创业"①，只有 7% 属于"生存型创业"。

（六）自主创业资金来源

2016 届高职高专毕业生自主创业的资金主要依靠父母/亲友投资或借贷和个人积蓄（75%），而来自政府资助（4%）、商业性风险投资（2%）的比例均较小。

（七）自主创业风险

2016 届高职高专毕业生自主创业的主要风险因素为缺少资金（32%），其次是缺乏企业管理经验（25%）、市场推广困难（19%）。

（八）创新能力

2016 届大学毕业生毕业时掌握的创新能力水平为 55%（本科为 56%，高职高专为 53%），毕业生创新能力的满足度为 83%（本科和高职高专均为 83%）。

（九）创业教育

1. 2016 届高职高专自主创业的毕业生认为对创业最有帮助的活动为"假期实习/课外兼职"（38%）。

2. 2016 届高职高专毕业生接受母校提供的创新创业教育主要是创业辅导活动（55%），其有效性为 72%。

3. 2016 届高职高专毕业生认为创新创业教育最需要改进的地方是"创新创业实践类活动不足"（52%），其后是"创新创业教育课程缺乏"（43%）、"教学方法不适用于创新创业教育"（36%）。

---

① 机会型创业指的是为了抓住和充分利用市场机会而进行的创业；生存型创业指的是创业者因找不到合适的工作而进行的创业。该理论由全球创业观察（Global Entrepreneurship Monitor）2001 年报告首次提出。其中，机会型创业包括：理想就是成为创业者、有好的创业项目、受他人邀请加入创业、未来收入高；生存型创业包括：未找到合适的工作。

第三章　专升本

（一）读本科的比例

2016届高职高专毕业生毕业后有4.9%选择了读本科，毕业生读本科比例最高的高职高专专业大类是文化教育大类（7.4%），最低的是资源开发与测绘大类（2.4%）。

（二）读本科的原因

2016届高职高专毕业生选择读本科的主要的原因是想去更好的大学（29%）、职业发展需要（27%）和就业前景好（26%）。

第四章　未就业分析

（一）失业率

1. 2016届大学生毕业半年后的失业率（8.4%）与2015届（8.3%）基本持平，比2014届（7.9%）略高。其中，本科院校2016届毕业生失业率（8.2%）比2015届（7.8%）和2014届（7.4%）略高；高职高专院校2016届毕业生失业率（8.5%）比2015届（8.8%）略低，与2014届（8.5%）持平。从近三届的趋势可以看出，大学生毕业半年后失业率呈现平稳态势。

2. 2016届高职高专失业率最高的专业为初等教育和语文教育（均为16.2%）。

（二）未就业人群分布

在2016届大学毕业生的未就业人群中，大多数毕业生还在继续找工作。本科院校处于未就业状态的毕业生（6.9%）中有23%为"待定族"（不求学不求职），高职高专院校处于未就业状态的毕业生（8.1%）中有38%为"待定族"。

（三）未就业人群打算

在2016届本科院校毕业半年后的"待定族"中，有40%的毕业生在准备公务员考试，有9%的毕业生准备创业。在高职高专院校毕业半年后的

"待定族"中，有17%的毕业生准备创业，有12%的毕业生在准备公务员考试。

第五章　求职与招聘分析

（一）期望薪酬

1. 大学毕业生的期望薪酬为4211元，比毕业半年后实际月收入（2016届3988元）高223元。其中，本科毕业生的期望薪酬为4598元，高职高专毕业生的期望薪酬为3824元。

2. 在高职高专专业大类中，毕业生期望薪酬最高的是轻纺食品大类（4378元），最低的是环保、气象与安全大类（3022元）；半数专业大类毕业生的期望薪酬高于毕业半年后实际月收入。

（二）企业下载简历数量

1. 大学毕业生的简历平均被企业下载3.1次。其中，本科毕业生的简历平均被下载3.6次，高职高专毕业生的简历平均被下载2.5次。

2. 在高职高专各专业大类中，毕业生简历平均被企业下载的数量最多的是电子信息大类、土建大类（均为2.9次），最少的是生化与药品大类、材料与能源大类（均为1.6次）。

分报告二　中期职业发展报告

第一章　职位晋升

（一）职位晋升比例和次数

1. 2013届大学生毕业三年内有57%的人获得职位晋升，与2012届（56%）基本持平。其中，本科这一比例为54%，低于高职高专毕业生（60%），均与2012届（本科为53%，高职高专为59%）基本持平。

2. 2013届大学生毕业三年内平均获得职位晋升0.9次，与2012届（0.9次）持平。其中，本科为0.8次，略低于高职高专毕业生（1.0次），均与 2012 届（本科为 0.8 次、高职高专为 1.0 次）持平。

3. 2013 届高职高专旅游大类毕业生毕业三年内获得职位晋升的比例最高（68%）、晋升的次数最多（1.2 次），医药卫生大类最低（39%）、晋升的次数最少（0.5 次）。

4. 2013 届高职高专从事"经营管理"职业类的毕业生毕业三年内获得职位晋升的比例最高（85%）、晋升的次数最多（2.0 次）；从事"医疗保健/紧急救助"（32%）职业类的毕业生职位晋升的比例最低，其次是"公安/检察/法院/经济执法"（34%），这两个职业类晋升的次数也最少（均为 0.5 次）。

5. 2013 届高职高专在"住宿和饮食业"就业的毕业生毕业三年内获得职位晋升的比例最高（74%）、晋升的次数最多（1.5 次）；在"医疗和社会护理服务业"就业的毕业生职位晋升的比例最低（38%）、晋升的次数最少（0.6 次）。

（二）职位晋升的类型

2013 届高职高专毕业生职位晋升的类型主要是薪资的增加（72%）、工作职责的增加（67%）。

（三）对职位晋升有帮助的大学活动

2013 届高职高专毕业生认为对职位晋升有帮助的大学活动主要是扩大社会人脉关系（35%），其后是假期实习/课外兼职（33%）、课外自学的知识和技能（含培训）（32%）、课堂上所学的知识和技能（27%）等。

第二章　薪资增长

（一）总体月收入与涨幅

1. 2013 届大学生毕业三年后平均月收入为 5989 元（本科为 6667 元，高职高专为 5312 元）。2013 届毕业生毕业半年后的月收入为 3250 元（本科为 3560 元，高职高专为 2940 元），三年来月收入增长 2739 元，涨幅为 84%。其中，本科增长 3107 元，涨幅为 87%；高职高专增长 2372 元，涨幅为 81%。

2. 2013 届高职高专生毕业三年后有 8.3% 的人月收入在 10000 元及以上，有 10.7% 的人月收入在 3000 元以下。

3. 2013 届本科生毕业三年后学历提升为硕士的比例为 17.1%，高职高专生毕业三年后学历提升为本科的比例为 30.1%。2013 届大学毕业生在毕业三年后学历提升人群的月收入为 5791 元，略低于学历一直未提升人群的月收入（6055 元）。其中，本科毕业三年后学历为硕士人群的月收入为 6445 元，学历仍然为本科人群的月收入为 6713 元；高职高专毕业三年后学历为本科人群的月收入为 5137 元，学历仍然为高职高专人群的月收入为 5396 元。提升学历人群可能因毕业时间短还不能体现学历提升带来的更大的教育回报。

（二）主要专业的月收入与涨幅

2013 届高职高专专业大类中毕业三年后月收入最高的是电子信息大类，为 6075 元，高出该专业大类半年后月收入（3066 元）3009 元；三年后月收入最低的是医药卫生大类，为 4864 元，高出该专业大类毕业半年后月收入（2519 元）2345 元。

（三）主要职业的月收入与涨幅

2013 届高职高专生毕业三年后从事"经营管理"职业类的月收入最高，为 7133 元，高出半年后从事该职业类的高职高专毕业生月收入（3185 元）3948 元，涨幅为 124%；三年后月收入最低的是从事"社区工作者"职业类的高职高专毕业生，为 3975 元，高出半年后从事该职业类的高职高专毕业生月收入（2401 元）1574 元。

（四）主要行业的月收入与涨幅

2013 届高职高专生毕业三年后在"金融（银行/保险/证券）业"就业的毕业生月收入最高，为 6738 元，高出半年后在该行业类就业的毕业生月收入（3238 元）3500 元；三年后月收入最低的是就业于"政府及公共管理"类的高职高专毕业生，为 4309 元，高出半年后在该行业类就业的毕业生月收入（2815 元）1494 元。

（五）各用人单位类型的月收入与涨幅

1. 2013 届高职高专生毕业三年后在"民营企业/个体"就业的月收入最高（5527 元），月收入涨幅也最大，为 91%。

2. 2013 届高职高专生毕业三年后在 3000 人以上规模的大型用人单位就业的月收入最高（5918 元）。

（六）各经济区域的月收入与涨幅

2013 届高职高专生毕业三年后在泛长江三角洲区域经济体就业的月收入最高（5898 元），增长 2806 元，涨幅为 91%；在东北区域经济体就业的高职高专生毕业三年后月收入最低（4722 元），增长 2119 元，涨幅为 81%。

第三章　职业变迁

（一）去向分布

2013 届大学生毕业三年后有 86.1% 受雇全职工作（本科为 87.2%，高职高专为 85.1%），5.9% 的人自主创业（本科为 3.8%，高职高专为 8.0%），3.4% 的人正在读研（本科为 6.1%，高职高专为 0.6%），2.0% 的人"无工作，继续寻找工作"（本科为 1.5%，高职高专为 2.6%），还有 2.4% 的人无工作，且既没有求职也没有求学（本科为 1.4%，高职高专为 3.4%），有 0.3% 的高职高专毕业生正在读本科。

（二）职业转换

1. 有 40% 的 2013 届大学生毕业三年内转换了职业（本科为 31%，高职高专为 49%），与 2012 届三年内该指标（40%）持平。

2. 在 2013 届高职高专主要专业大类中，旅游大类的毕业生三年内的职业转换率最高（62%），其次是制造大类（58%）；医药卫生大类的职业转换率最低（29%）。

3. 在 2013 届高职高专生毕业三年内转换过的职业类中，被转入最多的职业是"销售"（11.8%），其次是"建筑工程"（9.0%）。

（三）行业转换

1. 有44%的2013届大学生在毕业三年内转换了行业（本科为36%，高职高专为52%），比2012届三年内该指标（46%）略低。

2. 在2013届高职高专主要专业大类中，旅游大类的毕业生三年内的行业转换率最高（63%），医药卫生大类的行业转换率最低（28%）。

3. 2013届高职高专生毕业三年内行业转换率最高的行业类是"批发商业"（75%），最低的是"水电煤气公用事业"（29%）。

（四）工作与专业相关度

1. 2013届大学生毕业三年后工作与专业相关度为61%，比2013届半年后（66%）低5个百分点，与2012届三年后（61%）持平。其中，本科三年后工作与专业相关度为66%，比半年后（69%）低3个百分点；高职高专三年后工作与专业相关度为56%，比半年后（62%）低6个百分点。

2. 在高职高专专业大类中，三年后工作与专业相关度最高的是医药卫生大类（88%），最低的是旅游大类（34%）。

（五）雇主数

1. 2013届大学毕业生毕业三年内平均为2.2个雇主工作过，与2012届（2.2个）持平。其中本科毕业生的平均雇主数为1.9个，低于高职高专毕业生的平均雇主数（2.4个）。

2. 2013届高职高专广播影视类和艺术设计类毕业生毕业三年内平均雇主数最多（均为2.7个），护理类和电力技术类毕业生平均雇主数最少（均为1.8个）。

3. 高职高专毕业生更换雇主较频繁，仅有25%的高职高专生毕业三年内一直为1个雇主工作，而雇主数为4个及以上的高职高专毕业生达到了14%。

第四章　就业满意度

（一）总体就业满意度

2013届大学生毕业三年后的就业满意度为63%，即在就业的毕业生中，有 63% 对自己的就业现状表示满意（本科为 65%，高职高专为 60%），比 2012 届该指标（57%）增长了 6 个百分点。

（二）主要专业的就业满意度

2013 届高职高专毕业生毕业三年后就业满意度最高的专业大类是文化教育大类（67%），就业满意度最低的专业大类是资源开发与测绘大类（50%）。

（三）主要职业的就业满意度

2013 届高职高专毕业生三年后就业满意度最高的职业类是"中小学教育"（74%），就业满意度最低的职业类是"矿山/石油"（46%）。

（四）主要行业的就业满意度

2013 届高职高专生毕业三年后就业满意度最高的行业类是"教育业"（70%），就业满意度最低的行业类是"初级金属制造业"（45%）。

（五）各用人单位类型的就业满意度

2013 届高职高专生毕业三年后就业满意度最高的用人单位类型是"政府机构/科研或其他事业单位"（67%），就业满意度最低的用人单位类型是"民营企业/个体"（58%）。

分报告三　培养质量报告

第一章　总体满意度

（一）对母校总体满意度

1. 2016 届大学毕业生对母校的总体满意度为 90%，与 2015 届（89%）基本持平，比 2014 届（88%）高 2 个百分点。其中，本科院校总体满意度为 91%，与 2015 届（91%）持平，比 2014 届（89%）高 2 个百分点；高职高专院校总体满意度为 89%，与 2015 届（88%）基本持平，比 2014 届（87%）高 2 个百分点。从近三届的趋势可以看出，大学毕业生对母校的总体满意度呈现上升趋势。

2. 泛长江三角洲区域经济体的 2016 届高职高专毕业生对母校的总体满意度最高（91%）。

3. 2016 届大学毕业生对母校学生工作的满意度为 84%，比 2015 届（82%）高 2 个百分点。其中，本科、高职高专院校 2016 届毕业生对母校学生工作的满意度均为 84%，比 2015 届（均为 82%）均高 2 个百分点。

4. 2016 届高职高专毕业生认为母校的学生工作需要改进的地方是"与辅导员或班主任接触时间太少"（46%），其后是"学生社团活动组织不够好"（40%）、"解决学生问题不及时"（33%）。

5. 2016 届大学毕业生对母校生活服务的满意度为 85%，比 2015 届（83%）高 2 个百分点。其中，本科院校 2016 届毕业生对母校生活服务的满意度为 86%，与 2015 届（85%）基本持平；高职高专院校 2016 届毕业生对母校的生活服务满意度为 84%，比 2015 届（82%）高 2 个百分点。

6. 2016 届高职高专毕业生认为母校的生活服务需要改进的地方是"食堂饭菜质量及服务不够好"（40%），其后是"学校洗浴服务不够好"（35%）、"宿舍服务不够好"（34%）、"学校医院或医务室服务不够好"（30%）、"教室设备与服务不够好"（27%）。

（二）对母校的推荐度

2016 届大学毕业生对母校的推荐度为 66%，与 2015 届（65%）基本持平，比 2014 届（63%）高 3 个百分点。其中，本科院校毕业生对母校的推荐度为 68%，比 2015 届（67%）略高，比 2014 届（64%）高 4 个百分点；高职高专院校为 64%，比 2015 届（63%）略高，比 2014 届（61%）高 3 个百分点。从近三届的趋势可以看出，大学毕业生对母校的推荐度呈现上升趋势。

第二章　教学满意度

（一）教学满意度

2016 届大学毕业生对母校教学的满意度为 88%，比 2015 届（86%）高

2 个百分点。其中，本科院校 2016 届毕业生对母校教学的满意度为 87%，比 2015 届（85%）高 2 个百分点；高职高专院校 2016 届毕业生对母校的教学满意度为 89%，比 2015 届（87%）高 2 个百分点。

（二）教学需改进的方面

2016 届高职高专毕业生认为母校的教学最需要改进的地方为"实习和实践环节不够"（61%），其次为"无法调动学生学习兴趣"（49%）。

（三）核心课程评价

1. 2016 届毕业生的核心课程重要度评价为 81%，其中，本科为 80%，高职高专为 82%。2016 届毕业生的核心课程满足度评价为 73%，其中，本科为 72%，高职高专为 74%。

2. 在 2016 届高职高专各专业大类中，医药卫生大类核心课程的重要度评价（95%）最高，其满足度（82%）也最高。

（四）师生交流频度

1. 2016 届有 52% 的毕业生与任课教师"每周至少一次"和"每月至少一次"课下交流。其中，本科毕业生中有 23% 与任课教师"每周至少一次"课下交流，低于高职高专毕业生（34%）。

2. 在 2016 届高职高专各专业大类中，与任课教师"每周至少一次"和"每月至少一次"课下交流程度较高的是艺术设计传媒大类（69%），最低的是财经大类、医药卫生大类（均为 52%）。

第三章　教与学行为分析

（一）到课率

1. 大学在校生到课率为 89%。其中，本科院校到课率为 86%；高职高专院校到课率为 91%。

2. 本科院校在校生周二的到课率最高（90%），其余四天均在 86% 左右；高职高专院校在校生周一至周三的到课率均为 91%，周四到课率最高（93%），周五最低（89%）。

3. 本科院校在校生下午（平均 89%）到课率高于上午（平均 87%），

高职高专院校在校生上午（平均93%）到课率高于下午（平均85%），晚课到课率均较低（本科84%，高职高专83%）。

（二）课堂互动

1. 有34%的高校教师每次上课都提问，有8%的高校教师经常提问，有8%的高校教师偶尔提问，还有50%的高校教师从不提问。其中，本科院校教师提问的频率高于高职高专院校教师。

2. 有7%的高校教师每次上课都测验，有7%的高校教师经常测验，有9%的高校教师偶尔测验，还有77%的高校教师从不测验。本科院校教师课堂发起测验的频率高于高职高专院校教师。

3. 课堂测验的参与率为75%，答案的正确率为62%。本科院校在校生的参与率和正确率均低于高职高专院校在校生。

（三）学习行为预警

有4.0%的大学在校生因为旷课收到预警，有4.9%的大学在校生因为不参与课堂测验收到预警，有1.0%的大学在校生因为不交作业收到预警。本科院校在校生因为旷课和不参与测验收到预警的比例均高于高职高专院校在校生。

第四章　能力、知识和素养提升

（一）基本工作能力评价

2016届大学毕业生毕业时掌握的基本工作能力水平为54%（其中本科为56%，高职高专为53%），基本工作能力的满足度为83%。2016届高职高专毕业生在理解交流能力中最重要的是有效的口头沟通能力（重要度为68%），其满足度为87%；科学思维能力中最重要的是科学分析能力（重要度为61%），其满足度为85%；管理能力中最重要的是说服他人能力（重要度为70%），其满足度为80%；应用分析能力中最重要的是疑难排解能力（重要度为66%），其满足度为83%；动手能力中最重要的是电脑编程能力（重要度为76%），其满足度为63%。

（二）核心知识评价

2016届大学毕业生毕业时掌握的核心知识水平为51%（其中本科为51%，高职高专为50%），核心知识的满足度为83%。2016届高职高专毕业生最重要的核心知识是销售与营销知识（重要度为63%），其满足度较低（77%）。

（三）社团活动评价

2016届高职高专毕业生在校期间参与度最高的社团活动为"公益类"（25%），其次为"体育户外类"（19%）。有28%的高职高专毕业生没有参加任何社团活动。在对参加的各类社团活动进行评价时，2016届高职高专毕业生满意度最高的活动为"公益类"（90%）。

（四）在校素养提升

1. 2016届高职高专工程类专业毕业生认为在校期间大学对自己素养提升较高的方面为"人生的乐观态度"（64%）、"团队合作"（61%）、"积极努力、追求上进"（61%）；此外，还有5%的高职高专工程类专业毕业生认为大学对素养的提升没有任何帮助。

2. 2016届高职高专艺术类专业毕业生认为在校期间大学对自己素养提升较高的方面为"艺术修养"（68%）、"人生的乐观态度"（62%）、"积极努力、追求上进"（60%）；此外，还有5%的高职高专艺术类专业毕业生认为大学对素养的提升没有任何帮助。

3. 2016届高职高专医学类专业毕业生认为在校期间大学对自己素养提升较高的方面为"健康卫生"（61%）、"积极努力、追求上进"（60%）、"职业道德"（60%）、"人生的乐观态度"（57%）；此外，还有3%的高职高专医学类专业毕业生认为大学对素养的提升没有任何帮助。

4. 2016届高职高专其他类专业毕业生认为在校期间大学对自己素养提升较高的方面为"积极努力、追求上进"、"人生的乐观态度"（均为67%）；此外，还有4%的高职高专其他类专业毕业生认为大学对素养的提升没有任何帮助。

（五）职业能力评价

2013届高职高专生毕业三年后认为职场中持续学习能力最重要（79%），其后是自我定位能力（71%）、职业规划能力（68%）、资源掌控能力（55%）。

（六）职业素养评价

2013届高职高专生毕业三年后认为职场中环境适应和压力承受能力最重要（均为72%），其后是协作解决问题能力（70%）、信息获取和选择能力（59%）、责任约束感（57%）。

分报告一
应届就业报告

B.3
第一章
就业结果

一 毕业去向

（一）总体毕业去向分布

大学毕业生：本科院校、高职高专院校的毕业生。

毕业半年后：2016届毕业生毕业第二年（即2017年）的1月左右。麦可思在此时展开跟踪评价，收集数据。此时毕业生的就业状况趋于稳定，有工作经历的毕业生也能够评估工作对自己知识、能力的要求水平。

毕业去向分布：麦可思将中国本科毕业生的毕业状况分为十类：受雇全职工作；受雇半职工作；自主创业；毕业后入伍；正在国内读研；正在港澳

台地区及国外读研；无工作，准备国内读研；无工作，准备到港澳台地区及国外读研；无工作，继续寻找工作；无工作，其他。同理将中国高职高专毕业生的毕业状况分为七类：受雇全职工作；受雇半职工作；自主创业；毕业后入伍；毕业后读本科；无工作，继续寻找工作；无工作，其他。其中，受雇全职工作指平均每周工作 32 小时或以上。受雇半职工作指平均每周工作 20 小时到 31 小时。

已就业人群：包括"受雇全职工作"、"受雇半职工作"、"自主创业"、"毕业后入伍"四类人群。

图 1 - 1 - 1 是 2016 届大学生毕业半年后的去向分布。可以看出，在 2016 届大学毕业生中，有 78.8% 的人毕业半年后受雇全职或半职工作，3.0% 的人自主创业，0.4% 的人入伍；有 10.3% 的人升学，其中 6.7% 正在国内读研，1.1% 正在港澳台及国外读研，2.5% 正在读本科；有 7.5% 的人处于失业状态，其中 1.1% 准备国内外读研，4.0% 准备继续寻找工作，还有 2.4% 放弃了继续求职和求学。

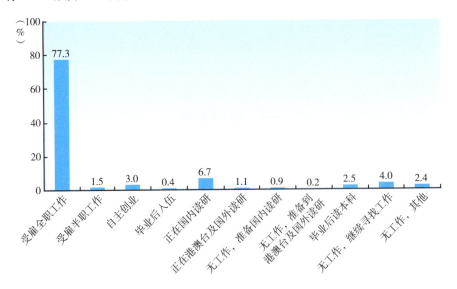

图 1 - 1 - 1　2016 届大学生毕业半年后的去向分布

数据来源：麦可思 - 中国 2016 届大学毕业生培养质量跟踪评价。

图1-1-2是2014~2016届大学生毕业半年后的去向分布变化。可以看出，2016届大学生毕业半年后"受雇全职工作"的比例（77.3%）与2015届（77.4%）基本持平，与2014届（79.2%）相比有所下降；"自主创业"的比例（3.0%）与2015届、2014届（分别为3.0%、2.9%）基本持平；"正在读研/读本"的比例（10.3%）略高于2015届、2014届（10.1%、8.9%）；"无工作，继续寻找工作"的比例（4.0%）略高于2015届、2014届（分别为3.9%、3.7%）。

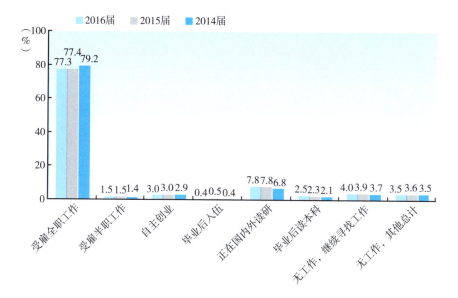

图1-1-2　2014~2016届大学生毕业半年后的去向分布变化

数据来源：麦可思-中国2014~2016届大学毕业生培养质量跟踪评价。

（二）高职高专院校毕业生去向分布

图1-1-3是2014~2016届高职高专院校毕业生毕业半年后的去向分布变化。可以看出，2016届高职高专毕业生毕业半年后"受雇全职工作"的比例（80.7%）与2015届（80.5%）相比略高，与2014届（81.7%）相比有所下降；"自主创业"的比例（3.9%）与2015届、2014届（分别

为 3.9%、3.8%）基本持平；"毕业后读本科"的比例（4.9%）与 2015 届、2014 届（分别为 4.7%、4.2%）相比有所提升，连续三届呈上升趋势。

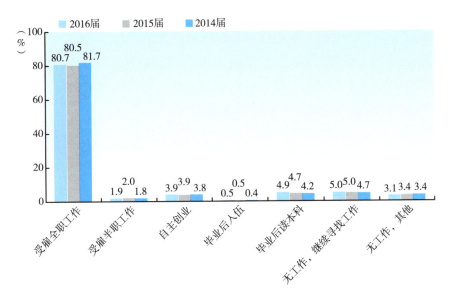

图 1-1-3　2014～2016 届高职高专院校生毕业半年后的去向分布变化

数据来源：麦可思-中国 2014～2016 届大学毕业生培养质量跟踪评价。

（三）就业地分布

就业地： 指大学毕业生在接受调查时的就业所在地区。

经济区域： 本研究把中国内地 31 个省、直辖市和自治区分为八个经济体系区域。

　　a. 东北区域经济体：包括黑龙江、吉林、辽宁；

　　b. 泛渤海湾区域经济体：包括北京、天津、山东、河北、内蒙古、山西；

　　c. 陕甘宁青区域经济体：包括陕西、甘肃、宁夏、青海；

　　d. 中原区域经济体：包括河南、湖北、湖南；

　　e. 泛长江三角洲区域经济体：包括上海、江苏、浙江、江西、安徽；

　　f. 泛珠江三角洲区域经济体：包括广东、广西、福建、海南；

g. 西南区域经济体：包括重庆、四川、贵州、云南；

h. 西部生态经济区：包括西藏、新疆。

图1-1-4是2016届高职高专生毕业就业地的分布。可以看出，2016届高职高专生毕业半年后就业区域主要集中在泛长江三角洲区域（包括上海、江苏、浙江、江西、安徽），占23.0%；泛珠江三角洲区域（包括广东、广西、福建、海南），占21.9%；泛渤海湾区域（包括北京、天津、山东、河北、内蒙古、山西），占20.8%。

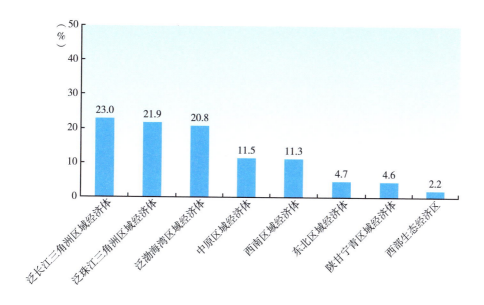

图1-1-4 2016届高职高专毕业生就业地的分布

数据来源：麦可思-中国2016届大学毕业生培养质量跟踪评价。

（四）就业城市类型

城市类型：本研究按行政级别把中国内地城市分为以下三种类型。

a. 直辖市：包括北京、上海、天津、重庆。

b. 副省级城市：包括哈尔滨、长春、沈阳、大连、济南、青岛、南京、杭州、宁波、厦门、广州、深圳、武汉、成都、西安15个城市。部分省会

城市不属于副省级城市。

c. 地级城市及以下：如绵阳、保定、苏州等，也包括省会城市如福州、银川等以及地级市下属的县、乡等。

图 1 – 1 – 5 是 2016 届大学毕业生就业城市类型分布。可以看出，2016届大学生毕业半年后有 16% 在直辖市就业，28% 在副省级城市就业，56%在地级城市及以下就业。其中本科毕业生比高职高专毕业生在直辖市就业的比例高 9 个百分点（分别为 21% 和 12%）。

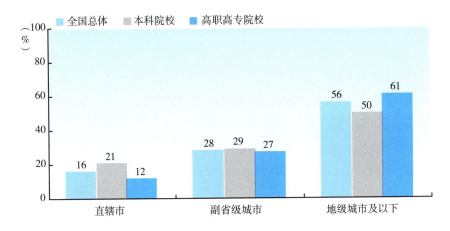

图 1 – 1 – 5　2016 届大学毕业生就业城市类型分布

数据来源：麦可思 – 中国 2016 届大学毕业生培养质量跟踪评价。

图 1 – 1 – 6 是 2014～2016 届大学毕业生就业城市类型分布变化。可以看出，大学生连续三届就业的城市类型分布比较稳定。

二　就业数量

（一）总体就业率

就业率：本科毕业生的就业率＝已就业本科毕业生数/需就业的总本科毕业生数；需要注意的是，按劳动经济学的就业率定义，已就业人数不包括

图1-1-6　2014～2016届大学毕业生就业城市类型分布变化

数据来源：麦可思－中国2014～2016届大学毕业生培养质量跟踪评价。

国内外读研人数，需就业的总毕业生数也不包括国内外读研的人数；政府教育机构统计的就业率通常包括国内外读研人数，也就是本报告中的非失业率。

高职高专毕业生的就业率＝已就业高职高专毕业生数/需就业的总高职高专毕业生数；其中，已就业人数不包括读本科人数，需就业的总毕业生数也不包括读本科人数。

图1-1-7是2014～2016届大学生毕业半年后的就业率变化趋势。可以看出，2016届大学生毕业半年后的就业率（91.6%）与2015届（91.7%）基本持平，比2014届（92.1%）略低。其中，本科院校2016届毕业生毕业半年后的就业率为91.8%，与2015届（92.2%）基本持平，比2014届（92.6%）略低；高职高专院校2016届毕业生毕业半年后的就业率为91.5%，与2015届、2014届（分别为91.2%、91.5%）基本持平。从近三届的趋势可以看出，大学生毕业半年后就业率呈现平稳态势。

表1-1-1是2014～2016届各经济区域高职高专生毕业半年后的就业率变化趋势。可以看出，2016届泛长江三角洲区域经济体高职高专院校毕业生毕业半年后的就业率最高（93.9%），且三年连续上升；西部生态经济区最低（85.1%），且三年连续下降。

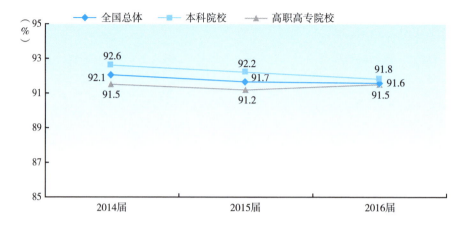

图 1-1-7　2014～2016 届大学生毕业半年后的就业率变化趋势

数据来源：麦可思－中国 2014～2016 届大学毕业生培养质量跟踪评价。

表 1-1-1　2014～2016 届各经济区域高职高专生毕业半年后的就业率变化趋势

单位：%

经济区域	高职高专院校毕业生毕业半年后的就业率		
	2016 届	2015 届	2014 届
泛长江三角洲区域经济体	93.9	93.3	92.5
泛珠江三角洲区域经济体	93.6	93.7	92.7
中原区域经济体	92.3	91.8	91.9
泛渤海湾区域经济体	91.0	90.9	91.4
西南区域经济体	89.6	88.9	90.5
东北区域经济体	87.8	88.3	89.0
陕甘宁青区域经济体	86.7	86.3	88.4
西部生态经济区	85.1	86.6	87.5
全国高职高专	**91.5**	**91.2**	**91.5**

数据来源：麦可思－中国 2014～2016 届大学毕业生培养质量跟踪评价。

（二）专业分析

专业大类：按照教育部的专业目录以及学校新增的专业，本次调查覆盖了高职高专院校所开设的专业大类 18 个。

专业类：按照教育部的专业目录以及学校新增的专业，本次调查覆盖了高职高专院校所开设的专业类 75 个。

专业：按照教育部的专业目录以及学校新增的专业，本次调查覆盖了高职高专院校所开设的专业 644 个。

表 1 – 1 – 2 是 2014～2016 届高职高专各专业大类毕业生毕业半年后的就业率变化趋势。可以看出，2016 届高职高专生毕业半年后就业率最高的专业大类是生化与药品大类（93.4%），最低的是资源开发与测绘大类（87.5%）。从三届的就业率变化趋势可以看出，高职高专专业大类中的公共事业大类、交通运输大类、艺术设计传媒大类、资源开发与测绘大类毕业生毕业半年后就业率持续上升，医药卫生大类毕业生毕业半年后就业率持续下降。

表 1 – 1 – 2　2014～2016 届高职高专各专业大类毕业生毕业半年后的就业率变化趋势 *

单位：%

高职高专专业大类名称	2016 届	2015 届	2014 届
生化与药品大类	93.4	93.5	92.2
公共事业大类	92.9	92.6	92.4
材料与能源大类	92.7	92.2	92.7
环保、气象与安全大类	92.5	92.7	88.4
制造大类	92.3	92.0	92.5
交通运输大类	92.3	92.1	92.0
土建大类	92.1	91.2	91.7
轻纺食品大类	92.0	92.9	91.6
财经大类	91.8	91.7	92.4
电子信息大类	91.3	91.3	91.5
文化教育大类	91.3	91.5	91.4
艺术设计传媒大类	90.6	90.2	89.7
农林牧渔大类	90.1	90.4	89.0
旅游大类	90.0	89.8	90.5
医药卫生大类	89.7	90.1	91.2
资源开发与测绘大类	87.5	87.4	87.3
全国高职高专	**91.5**	**91.2**	**91.5**

＊个别专业大类因为样本较少，没有包括在内。

数据来源：麦可思 – 中国 2014～2016 届大学毕业生培养质量跟踪评价。

表1-1-3是2014~2016届高职高专主要专业类毕业生毕业半年后的就业率变化趋势。可以看出,2016届高职高专毕业生毕业半年后就业率最高的专业类是食品药品管理类(93.9%),最低的是畜牧兽医类(89.3%)。

表1-1-3 2014~2016届高职高专主要专业类毕业生毕业半年后的就业率变化趋势*

单位:%

高职高专专业类名称	2016届	2015届	2014届
食品药品管理类	93.9	94.1	92.1
电力技术类	93.7	94.0	94.0
通信类	93.7	93.9	93.7
公共事业类	93.6	92.7	90.3
公共管理类	93.5	94.4	92.9
城市轨道运输类	93.5	94.4	94.2
港口运输类	93.5	94.4	92.8
制药技术类	93.4	93.5	92.4
化工技术类	93.3	93.2	92.5
语言文化类	93.2	93.2	91.7
纺织服装类	93.2	92.5	91.8
市场营销类	93.1	92.5	92.7
经济贸易类	93.0	93.5	92.0
林业技术类	93.0	92.6	91.9
医学技术类	92.9	92.9	93.9
药学类	92.8	93.1	93.2
房地产类	92.6	92.7	90.3
建筑设计类	92.4	92.6	92.3
工程管理类	92.4	90.2	90.4
汽车类	92.3	92.1	92.1
土建施工类	92.1	89.0	89.4
工商管理类	92.1	91.6	91.4
生物技术类	92.1	91.0	91.6
自动化类	92.0	92.2	92.3
机电设备类	91.9	92.3	91.6
艺术设计类	91.8	91.1	90.5
机械设计制造类	91.7	92.2	92.3
环保类	91.7	91.3	91.2
建筑设备类	91.7	91.5	91.7
财务会计类	91.5	91.4	92.2

续表

高职高专专业类名称	2016 届	2015 届	2014 届
电子信息类	91.4	91.6	91.7
公路运输类	91.3	89.8	90.0
食品类	91.0	90.9	91.0
计算机类	90.9	90.6	91.0
财政金融类	90.8	92.0	89.4
能源类	90.6	90.6	92.5
农业技术类	90.6	90.9	91.2
材料类	90.5	90.1	88.6
水上运输类	90.5	90.9	90.2
护理类	90.5	90.3	92.8
教育类	90.2	89.7	90.2
旅游管理类	90.0	89.7	90.3
测绘类	89.9	89.8	90.3
广播影视类	89.6	88.4	89.1
畜牧兽医类	89.3	89.6	86.6
全国高职高专	**91.5**	**91.2**	**91.5**

＊个别专业类因为样本较少，没有包括在内。

数据来源：麦可思－中国 2014～2016 届大学毕业生培养质量跟踪评价。

表 1－1－4　2014～2016 届高职高专生毕业半年后就业量最大的前 50 位
专业的就业率变化趋势

单位：%

高职高专就业量最大的前 50 位专业名称	2016 届	2015 届	2014 届
学前教育	95.6	95.1	94.3
商务英语	95.1	94.5	93.2
应用化工技术	94.0	93.6	91.6
通信技术	94.0	93.5	94.4
城市轨道交通运营管理	93.9	95.3	94.8
市场营销	93.8	93.1	93.1
国际经济与贸易	93.7	91.6	89.9
报关与国际货运	93.5	93.3	91.8
汽车技术服务与营销	93.4	93.3	94.1
人力资源管理	93.4	94.7	92.6
建筑装饰工程技术	93.3	94.2	92.5
药学	93.0	93.0	94.2
工商企业管理	92.9	90.8	91.0
工程造价	92.6	90.5	90.9

续表

高职高专就业量最大的 前50位专业名称	2016届	2015届	2014届
环境艺术设计	92.6	92.8	91.6
连锁经营管理	92.5	91.1	90.0
汽车运用技术	92.4	92.9	91.5
临床医学	92.4	92.5	95.7
文秘	92.4	93.6	92.7
电子商务	92.4	92.3	92.4
会计	92.4	91.9	92.5
机电一体化技术	92.3	91.9	91.6
建筑工程技术	92.2	88.8	90.3
室内设计技术	92.2	93.3	93.1
工程监理	92.1	89.0	89.1
软件技术	92.0	91.4	91.7
汽车电子技术	92.0	91.9	90.7
应用电子技术	91.9	91.6	93.0
模具设计与制造	91.9	93.2	92.3
数控技术	91.7	93.2	91.6
电气自动化技术	91.6	91.7	93.1
物流管理	91.6	91.7	91.5
汽车检测与维修技术	91.6	92.0	91.6
道路桥梁工程技术	91.6	89.6	90.9
电子信息工程技术	91.6	90.9	90.7
石油化工生产技术	91.4	90.7	93.1
建筑工程管理	91.2	89.1	90.1
广告设计与制作	91.2	90.3	89.6
会计与审计	91.2	91.7	92.2
财务管理	91.1	91.8	91.0
会计电算化	91.1	90.9	91.9
机械制造与自动化	91.1	91.2	92.4
艺术设计	91.0	90.5	89.2
计算机网络技术	90.9	89.8	91.0
旅游管理	90.8	88.3	90.9
工程测量技术	90.6	90.7	90.2
酒店管理	90.5	91.2	90.1
护理	90.3	90.1	92.6
计算机应用技术	90.1	90.3	91.1
动漫设计与制作	89.8	90.7	90.1
全国高职高专	**91.5**	**91.2**	**91.5**

数据来源：麦可思－中国2014~2016届大学毕业生培养质量跟踪评价。

表 1－1－5 是 2016 届高职高专生毕业半年后就业率排前 50 位的主要专业。可以看出，2016 届高职高专毕业生半年后就业率前三位的专业是高压输配电线路施工运行与维护（98.7%）、电力系统自动化技术（95.9%）、电力系统继电保护与自动化（95.8%）。

表 1－1－5 **2016 届高职高专生毕业半年后就业率排前 50 位的主要专业***

单位：%

高职高专就业率 排前 50 位的专业名称	就业率	高职高专就业率 排前 50 位的专业名称	就业率
高压输配电线路施工运行与维护	98.7	生物制药技术	93.8
电力系统自动化技术	95.9	产品造型设计	93.8
电力系统继电保护与自动化	95.8	助产	93.7
社会体育	95.7	应用英语	93.7
电气化铁道技术	95.6	国际经济与贸易	93.7
学前教育	95.6	报关与国际货运	93.5
水利水电建筑工程	95.2	会展策划与管理	93.5
商务英语	95.1	电脑艺术设计	93.5
社区管理与服务	94.7	汽车技术服务与营销	93.4
给排水工程技术	94.5	生物技术及应用	93.4
工业分析与检验	94.4	人力资源管理	93.4
医学检验技术	94.2	发电厂及电力系统	93.4
视觉传达	94.1	移动通信技术	93.3
国际商务	94.1	供热通风与空调工程技术	93.3
计算机辅助设计与制造	94.1	建筑装饰工程技术	93.3
城市轨道交通控制	94.1	市政工程技术	93.2
汽车制造与装配技术	94.0	服装设计	93.2
应用化工技术	94.0	供用电技术	93.2
工业设计	94.0	旅游英语	93.1
通信技术	94.0	多媒体设计与制作	93.1
交通安全与智能控制	93.9	药学	93.0
城市轨道交通运营管理	93.9	物业管理	93.0
康复治疗技术	93.9	楼宇智能化工程技术	92.9
食品加工技术	93.9	数控设备应用与维护	92.9
市场营销	93.8	装潢艺术设计	92.9
全国高职高专	**91.5**	**全国高职高专**	**91.5**

＊毕业生规模过小的专业不包括在此排序中。

数据来源：麦可思－中国 2016 届大学毕业生培养质量跟踪评价。

（三）职业分析

职业：根据麦可思中国职业分类体系，本次调查覆盖了高职高专毕业生能够从事的550个职业。

本节各表中的"就业比例" ＝在某类职业中就业的毕业生人数/全国同届次毕业生就业总数。

表1-1-6是2014～2016届高职高专毕业生从事的主要职业类排名。可以看出，2016届高职高专生毕业半年后从事最多的职业类是"销售"，就业比例为10.8%，其次是"财务/审计/税务/统计"（10.0%）。与2014届相比，2016届高职高专毕业生就业比例增加较多的职业类为"金融（银行/基金/证券/期货/理财）"（增加1.5个百分点）；就业比例降低最多的职业类为"机械/仪器仪表"，降低了2.0个百分点。

从三届的就业趋势中可以看出，在就业比例较大的职业类中，高职高专毕业生从事"金融（银行/基金/证券/期货/理财）"和"美术/设计/创意"职业类的比例逐届增加，从事"机械/仪器仪表"和"机动车机械/电子"职业类的比例逐届降低。

表1-1-6　2014～2016届高职高专毕业生从事的主要职业类排名*

单位：%

高职高专毕业生从事的职业类名称	就业比例			
	2016届	2015届	2014届	2016－2014届**
销售	10.8	10.6	11.0	－0.2
财务/审计/税务/统计	10.0	10.8	10.8	－0.8
建筑工程	8.3	7.8	8.6	－0.3
行政/后勤	7.3	7.0	7.0	0.3
医疗保健/紧急救助	6.6	6.3	6.5	0.1
金融(银行/基金/证券/期货/理财)	4.4	4.2	2.9	1.5
互联网开发及应用	3.5	4.3	3.2	0.3
美术/设计/创意	3.3	3.2	2.5	0.8
电气/电子(不包括计算机)	3.2	3.2	3.7	－0.5
计算机与数据处理	2.9	3.0	2.8	0.1

续表

高职高专毕业生从事的职业类名称	就业比例			
	2016 届	2015 届	2014 届	2016 – 2014 届**
机械/仪器仪表	2.7	3.2	4.7	– 2.0
餐饮/娱乐	2.5	2.9	2.6	– 0.1
交通运输/邮电	2.5	1.9	2.7	– 0.2
机动车机械/电子	2.1	2.3	3.3	– 1.2
房地产经营	2.1	2.0	2.0	0.1
电力/能源	2.0	1.6	2.2	– 0.2
中小学教育	1.9	1.7	1.2	0.7
生产/运营	1.9	1.6	1.9	0.0
生物/化工	1.8	1.6	1.2	0.6
媒体/出版	1.8	1.4	1.1	0.7
物流/采购	1.7	1.7	1.9	– 0.2
幼儿与学前教育	1.7	1.4	0.9	0.8
保险	1.6	1.8	1.6	0.0
人力资源	1.6	1.5	1.4	0.2
酒店/旅游/会展	1.5	1.7	1.4	0.1
高等教育/职业培训	1.1	1.3	0.9	0.2
农/林/牧/渔类	1.0	1.0	0.7	0.3
工业安全与质量	0.9	1.1	1.4	– 0.5
公安/检察/法院/经济执法	0.8	0.8	0.8	0.0
表演艺术/影视	0.8	0.8	0.6	0.2
经营管理	0.7	0.8	0.7	0.0
社区工作者	0.7	0.6	0.5	0.2
测绘	0.6	0.8	0.7	– 0.1
服装/纺织/皮革	0.6	0.7	0.6	0.0
环境保护	0.5	0.5	0.5	0.0
美容/健身	0.5	0.5	0.4	0.1
矿山/石油	0.3	0.3	0.6	– 0.3
航空机械/电子	0.3	0.2	0.2	0.1
文化/体育	0.3	0.2	0.1	0.2
公共关系	0.2	0.4	0.5	– 0.3
家用/办公电器维修	0.2	0.2	0.3	– 0.1
研究人员	0.2	0.1	0.1	0.1
船舶机械	0.1	0.4	0.4	– 0.3
翻译	0.1	0.3	0.2	– 0.1

续表

高职高专毕业生从事的	就业比例			
职业类名称	2016 届	2015 届	2014 届	2016 - 2014 届**
冶金材料	0.1	0.1	0.2	- 0.1
家政	0.1	0.1	0.1	0.0
殡仪服务	0.1	—	—	—

　*表中显示数字均保留一位小数，因为四舍五入进位，加起来可能不等于100%。

　**"2016 - 2014 届"表示以2016届的就业比例减去2014届的就业比例。下同。

　数据来源：麦可思 - 中国2014 ~ 2016届大学毕业生培养质量跟踪评价。

表1 - 1 - 7　2016届高职高专毕业生就业量最大的前50位职业

单位：%

高职高专毕业生就业量 最大的前50位职业名称	就业 比例	高职高专毕业生就业量 最大的前50位职业名称	就业 比例
会计	5.8	计算机程序员	0.7
文员	4.6	预算员	0.7
护士	3.0	汽车机械技术员	0.7
房地产经纪人	1.9	电厂操作员	0.7
客服专员	1.9	化工厂系统操作员	0.7
施工技术员	1.8	收银员	0.7
室内设计师	1.8	医生助手	0.7
其他销售代表、服务商	1.6	地图制图与印刷工程技术员	0.7
建筑技术员	1.6	电子工程技术员	0.6
电子商务专员	1.5	电气技术员	0.6
行政秘书和行政助理	1.3	销售代表（医疗用品）	0.6
营业员	1.3	销售技术员	0.6
小学教师	1.1	出纳员	0.6
销售经理	1.1	车身修理技术员	0.5
土木建筑工程技术员	1.0	发电站、变电站和中继站的电子和电气修理技术员	0.5
幼儿教师	1.0	数据统计分析员	0.5
推销员	1.0	室内装饰技术员	0.5
金融服务销售商	0.9	其他工程技术员	0.5
保险推销员	0.9	电气工程技术员	0.5
个人理财顾问	0.9	其他计算机专业人员	0.5
测量技术员	0.9	人力资源助理	0.5
平面设计	0.9	餐饮服务主管	0.5
餐饮服务生	0.8	销售代表（批发和制造业，不包括科技类产品）	0.5
其他工程技术员（除绘图员外）	0.8	化学技术员	0.5
互联网开发师	0.7	销售代表（机械设备和零件）	0.5

　数据来源：麦可思 - 中国2016届大学毕业生培养质量跟踪评价。

（四）行业分析

行业：根据麦可思中国行业分类体系，本次调查覆盖了高职高专毕业生就业的 326 个行业。

本节各图表中的"就业比例" = 在某类行业中就业的毕业生人数/全国同届次毕业生就业总数。

表 1－1－8 是 2014～2016 届高职高专毕业生就业的主要行业类排名。可以看出，2016 届高职高专生毕业半年后就业最多的行业类是"建筑业"（12.4%），其次是"金融（银行/保险/证券）业"和"医疗和社会护理服务业"（均为 7.5%）。与 2014 届相比，2016 届高职高专毕业生就业比例增加较多的行业类为"教育业"（增加 1.8 个百分点）、"金融（银行/保险/证券）业"（增加 1.7 个百分点）和"媒体、信息及通信产业"（增加 1.2 个百分点）；就业比例降低最多的行业类是"交通工具制造业"，降低了 1.7 个百分点。

从三届的就业趋势可以看出，在就业比例排名前十位的行业类中，高职高专毕业生在"教育业"和"各类专业设计与咨询服务业"行业类就业的比例逐届增加，在"电子电气仪器设备及电脑制造业"和"其他服务业（除行政服务）"行业类就业的比例逐届降低。

表 1－1－8　2014～2016 届高职高专毕业生就业的主要行业类排名*

单位：%

高职高专毕业生就业的行业类名称	就业比例			
	2016 届	2015 届	2014 届	2016－2014 届
建筑业	12.4	12.1	12.8	－0.4
金融(银行/保险/证券)业	7.5	7.6	5.8	1.7
医疗和社会护理服务业	7.5	7.2	7.6	－0.1
媒体、信息及通信产业	6.3	6.3	5.1	1.2
零售商业	6.1	6.5	6.5	－0.4
教育业	5.7	5.6	3.9	1.8

续表

高职高专毕业生就业的	就业比例			
行业类名称	2016 届	2015 届	2014 届	2016 - 2014 届
电子电气仪器设备及电脑制造业	4.8	5.2	5.8	- 1.0
各类专业设计与咨询服务业	4.5	4.4	3.7	0.8
其他服务业(除行政服务)	4.3	4.5	4.7	- 0.4
化学品、化工、塑胶业	3.4	3.4	3.1	0.3
房地产开发销售租赁及其他租赁业	3.4	3.1	3.3	0.1
住宿和饮食业	3.3	3.2	2.7	0.6
运输业	3.1	2.3	3.4	- 0.3
机械五金制造业	3.0	3.4	4.5	- 1.5
政府及公共管理	3.0	2.4	2.3	0.7
交通工具制造业	2.7	3.1	4.4	- 1.7
家具、医疗设备及其他制成品业	2.7	2.7	2.3	0.4
行政、商业和环境保护辅助业	2.3	2.5	2.3	0.0
邮递、物流及仓储业	1.9	1.7	1.8	0.1
水电煤气公用事业	1.9	1.6	2.0	- 0.1
艺术、娱乐和休闲业	1.8	1.4	1.1	0.7
批发商业	1.7	2.1	2.1	- 0.4
食品、烟草、加工业	1.7	2.0	2.2	- 0.5
纺织皮革及成品加工业	1.5	1.8	1.6	- 0.1
农业、林业、渔业和畜牧业	1.5	1.6	1.5	0.0
初级金属制造业	0.7	0.7	1.0	- 0.3
木品和纸品业	0.5	0.6	0.7	- 0.2
矿业	0.4	0.4	1.1	- 0.7
玻璃黏土、石灰水泥制品业	0.4	0.4	0.6	- 0.2
宗教协会群众组织	0.2	0.1	0.1	0.1

  *表中显示数字均保留一位小数,因为四舍五入进位,加起来可能不等于100%。
  数据来源:麦可思 - 中国 2014 ~ 2016 届大学毕业生培养质量跟踪评价。

表 1 - 1 - 9 　 2016 届高职高专毕业生就业量最大的前 50 位行业

单位：%

高职高专毕业生就业量最大的前 50 位行业名称	就业比例	高职高专毕业生就业量最大的前 50 位行业名称	就业比例
全科住院医院（包括门诊）	2.8	半导体和其他电子元件制造业	0.9
其他金融投资业	2.6	保险机构	0.9
建筑装修业	2.5	百货零售业	0.9
高速公路、街道及桥梁建筑业	2.4	教育辅助服务业	0.9
住宅建筑施工业	2.3	电气设备制造业	0.9
其他个人服务业	2.2	会计、审计与税务服务业	0.9
互联网运营与网络搜索引擎业	1.9	通信设备制造业	0.8
建筑基础、结构、楼房外观承建业	1.9	证券和商品交易所	0.8
中小学教育机构	1.8	其他学院和培训机构	0.8
发电、输电业	1.6	药品和医药制造业	0.7
综合性餐饮业	1.5	铁路运输业	0.7
幼儿园与学前教育机构	1.5	房地产租赁业	0.7
物流仓储业	1.4	铁路运输服务业	0.7
非住宅建筑施工业	1.3	其他零售业	0.7
保险代理、经销、其他保险相关业	1.2	其他化工产品制造业	0.7
汽车保养与维修业	1.2	计算机系统设计服务业	0.7
汽车制造业	1.1	汽车零件制造业	0.7
医疗设备及用品制造业	1.1	汽车经销业	0.7
地产代理和经纪人办事处	1.1	旅客住宿业	0.7
软件开发业	1.1	公共卫生服务机构（含疾控中心等）	0.6
房地产开发业	1.0	其他信息服务业	0.6
其他医疗健康服务业	1.0	其他电气设备及元器件生产业	0.6
其他娱乐和休闲产业	1.0	建筑、工程及相关咨询服务业	0.6
专科住院医院（包括门诊）	0.9	其他特种行业工程承建业	0.6
广告及相关服务业	0.9	石油及煤制品制造业	0.6

数据来源：麦可思 - 中国 2016 届大学毕业生培养质量跟踪评价。

（五）用人单位分析

图 1 - 1 - 8 是 2016 届大学毕业生就业的用人单位类型分布。可以看出，"民营企业/个体"（60%）是 2016 届大学毕业生就业最多的用人单位类型，本科院校中有 53% 的毕业生就业于"民营企业/个体"，高职高专院校中有 68% 的毕业生就业于"民营企业/个体"。

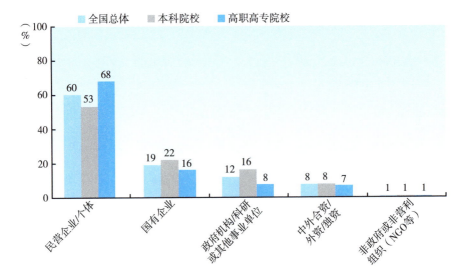

图1-1-8 2016届大学毕业生就业的用人单位类型分布

数据来源：麦可思－中国2016届大学毕业生培养质量跟踪评价。

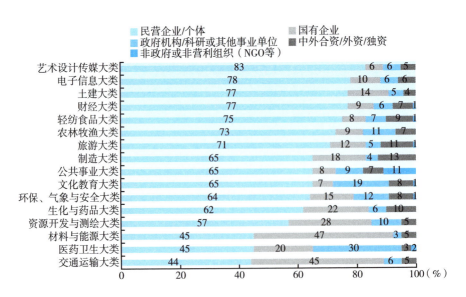

图1-1-9 2016届高职高专各专业大类毕业生的用人单位类型分布*

*个别专业大类因为样本较少，没有包括在内。

数据来源：麦可思－中国2016届大学毕业生培养质量跟踪评价。

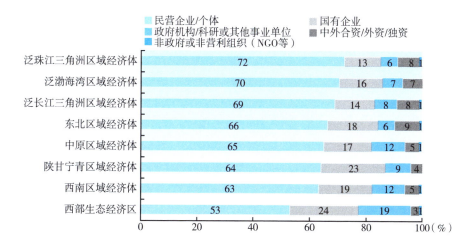

图 1 – 1 – 10　2016 届高职高专毕业生在各经济区域的用人单位类型分布

数据来源：麦可思 – 中国 2016 届大学毕业生培养质量跟踪评价。

图 1 – 1 – 11 是 2016 届大学毕业生就业的用人单位规模分布。可以看出，2016 届大学毕业生就业比例最高的用人单位规模是 300 人及以下规模的中小型用人单位（55%），其中本科毕业生这一比例为 49%，高职高专毕业生为 61%。

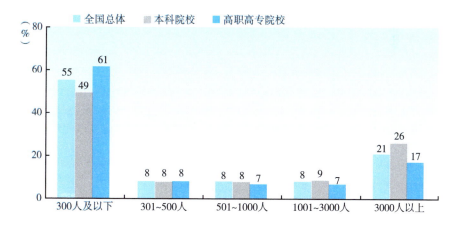

图 1 – 1 – 11　2016 届大学毕业生就业的用人单位规模分布

数据来源：麦可思 – 中国 2016 届大学毕业生培养质量跟踪评价。

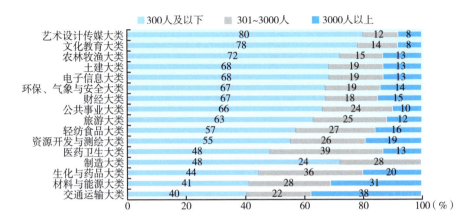

图1-1-12 2016届高职高专各专业大类毕业生的用人单位规模分布*

*个别专业大类因为样本较少，没有包括在内。

数据来源：麦可思-中国2016届大学毕业生培养质量跟踪评价。

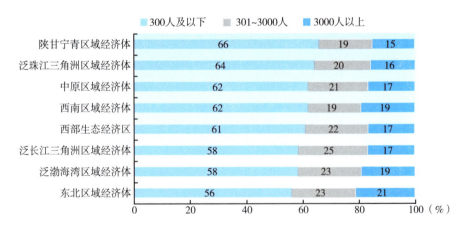

图1-1-13 2016届高职高专毕业生在各经济区域的用人单位规模分布

数据来源：麦可思-中国2016届大学毕业生培养质量跟踪评价。

三　就业质量

（一）就业满意度

1. 总体就业满意度

就业满意度：由就业的毕业生对自己目前的就业现状进行主观判断，选项有"很满意"、"满意"、"不满意"、"很不满意"、"无法评估"共五项。其中，选择"满意"或"很满意"的人属于对就业现状满意，选择"不满意"或"很不满意"的人属于对就业现状不满意。

图 1 - 1 - 14 是 2015 届、2016 届大学生毕业半年后的就业满意度。可以看出，2016 届大学毕业生的就业满意度为 65%，比 2015 届（62%）高 3 个百分点。其中，本科院校 2016 届毕业生的就业满意度为 66%，比 2015 届（63%）高 3 个百分点；高职高专院校 2016 届毕业生的就业满意度为 63%，比 2015 届（61%）高 2 个百分点。

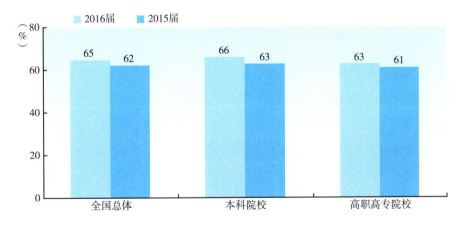

图 1 - 1 - 14　2015 届、2016 届大学生毕业半年后的就业满意度

数据来源：麦可思 - 中国 2015 届、2016 届大学毕业生培养质量跟踪评价。

2. 对就业现状不满意的原因

图 1 – 1 – 15 是 2015 届、2016 届高职高专毕业生对就业现状不满意的原因。可以看出，2016 届高职高专毕业生对就业现状不满意的主要原因是"收入低"（64%）、"发展空间不够"（56%）。

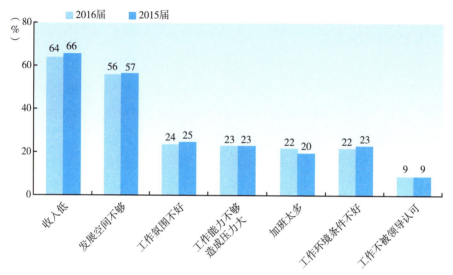

图 1 – 1 – 15　2015 届、2016 届高职高专毕业生对就业现状不满意的原因（多选）

数据来源：麦可思 – 中国 2015 届、2016 届大学毕业生培养质量跟踪评价。

3. 主要专业的就业满意度

表 1 – 1 – 10 是 2015 届、2016 届高职高专各专业大类毕业生毕业半年后的就业满意度。可以看出，在 2016 届高职高专专业大类中，毕业生毕业半年后就业满意度最高的为医药卫生大类、农林牧渔大类（均为 66%），最低的为资源开发与测绘大类（57%）。

4. 主要职业的就业满意度

表 1 – 1 – 12 和表 1 – 1 – 13 分别是 2016 届高职高专生毕业半年后就业满意度最高/最低的前十位职业。可以看出，2016 届高职高专生毕业半年后就业满意度最高的职业是"航空乘务员"（85%），最低的职业是"搬运工（不包括机器操作人员）"（32%）。

表1-1-10　2015届、2016届高职高专各专业大类毕业生毕业半年后的就业满意度[*]

单位：%

高职高专专业大类名称	2016届	2015届	高职高专专业大类名称	2016届	2015届
医药卫生大类	66	64	旅游大类	63	60
农林牧渔大类	66	64	生化与药品大类	62	59
文化教育大类	65	64	轻纺食品大类	62	59
艺术设计传媒大类	64	62	公共事业大类	61	59
交通运输大类	64	61	制造大类	61	58
材料与能源大类	63	62	环保、气象与安全大类	61	57
电子信息大类	63	61	土建大类	60	56
财经大类	63	61	资源开发与测绘大类	57	53
全国高职高专	**63**	**61**	**全国高职高专**	**63**	**61**

[*]个别专业大类因为样本较少，没有包括在内。

数据来源：麦可思-中国2015届、2016届大学毕业生培养质量跟踪评价。

表1-1-11　2016届高职高专生毕业半年后就业满意度排前30位的主要专业[*]

单位：%

高职高专专业名称	就业满意度	高职高专专业名称	就业满意度
美术教育	76	城市轨道交通控制	68
电力系统继电保护与自动化	76	信息安全技术	68
电力系统自动化技术	75	国际贸易实务	68
导游	74	康复治疗技术	67
畜牧兽医	73	物业管理	67
高压输配电线路施工运行与维护	73	市场营销	67
电气化铁道技术	72	通信技术	67
学前教育	71	社会体育	67
装饰艺术设计	71	多媒体设计与制作	67
视觉传达	70	国际经济与贸易	67
音乐表演	70	金融保险	67
园艺技术	69	助产	67
营销与策划	69	初等教育	67
投资与理财	69	医学检验技术	67
广告设计与制作	69	房地产经营与估价	67
全国高职高专	**63**	**全国高职高专**	**63**

[*]毕业生规模过小的专业不包括在此排序中。

数据来源：麦可思-中国2016届大学毕业生培养质量跟踪评价。

表 1 - 1 - 12　2016 届高职高专生毕业半年后就业满意度最高的前十位职业*

单位：%

高职高专毕业生就业满意度 最高的前十位职业名称	就业满意度	高职高专毕业生就业满意度 最高的前十位职业名称	就业满意度
航空乘务员	85	铁轨铺设及维护设备操作员	75
铁路闸、铁路信号和转辙器操作员	82	农业技术员	75
总经理和日常主管	80	市场经理	75
列车司机	78	交通技术员	75
学前班教师（特殊教育除外）	77	地铁和路面电车操作员	75
全国高职高专	**63**	**全国高职高专**	**63**

＊毕业生规模过小的职业不包括在此排序中。

数据来源：麦可思 - 中国 2016 届大学毕业生培养质量跟踪评价。

表 1 - 1 - 13　2016 届高职高专生毕业半年后就业满意度最低的前十位职业*

单位：%

高职高专毕业生就业满意度 最低的前十位职业名称	就业满意度	高职高专毕业生就业满意度 最低的前十位职业名称	就业满意度
搬运工（不包括机器操作人员）	32	餐饮服务生	49
手工包装工	36	存货管理员（储藏室、库房的）	49
半导体加工人员	39	旅店服务员	53
电子和电气设备装配技术员	45	数据录入员	53
化学设备操作员和管理员	48	收银员	53
全国高职高专	**63**	**全国高职高专**	**63**

＊毕业生规模过小的职业不包括在此排序中。

数据来源：麦可思 - 中国 2016 届大学毕业生培养质量跟踪评价。

5. 主要行业的就业满意度

表 1 - 1 - 14 和表 1 - 1 - 15 分别是 2016 届高职高专生毕业半年后就业满意度最高/最低的前十位行业。可以看出，2016 届高职高专生毕业半年后就业满意度最高的行业是"铁路运输业"（82%），最低的行业是"土地规划业"和"印刷及相关产业"（均为 50%）。

6. 各用人单位类型的就业满意度

图 1 - 1 - 16 是 2015 届、2016 届高职高专生毕业半年后在各类型用人

表 1 – 1 – 14　2016 届高职高专生毕业半年后就业满意度最高的前十位行业 *

单位：%

高职高专毕业生就业满意度 最高的前十位行业名称	就业满意度	高职高专毕业生就业满意度 最高的前十位行业名称	就业满意度
铁路运输业	82	护理中心	73
铁路运输服务业	79	公共卫生服务机构（含疾控中心等）	72
航空运输服务业	76	铁路机车制造业	72
人力资源与社会保障政府部门	75	中国人民银行、保监会和证监会	71
航空产品和零件制造业	73	全科住院医院（包括门诊）	71
全国高职高专	**63**	**全国高职高专**	**63**

＊毕业生规模过小的行业不包括在此排序中。

数据来源：麦可思–中国 2016 届大学毕业生培养质量跟踪评价。

表 1 – 1 – 15　2016 届高职高专生毕业半年后就业满意度最低的前十位行业 *

单位：%

高职高专毕业生就业满意度 最低的前十位行业名称	就业满意度	高职高专毕业生就业满意度 最低的前十位行业名称	就业满意度
土地规划业	50	旅客住宿业	52
印刷及相关产业	50	其他化工产品制造业	53
音频和视频设备制造业	51	基础化学用品制造业	53
树脂、合成橡胶、合成纤维及人造丝制造业	52	百货零售业	53
金属加工成套设备制造业	52	家用电器制造业	54
全国高职高专	**63**	**全国高职高专**	**63**

＊毕业生规模过小的行业不包括在此排序中。

数据来源：麦可思–中国 2016 届大学毕业生培养质量跟踪评价。

单位的就业满意度。可以看出，2016 届高职高专生毕业半年后在"政府机构/科研或其他事业单位"的就业满意度最高（70%），在"非政府或非营利组织（NGO 等）"的就业满意度最低（60%）。

7. 各经济区域的就业满意度

图 1 – 1 – 17 是 2015 届、2016 届高职高专生毕业半年后在各经济区域的就业满意度。可以看出，2016 届高职高专生毕业半年后在泛渤海湾区域经济体和泛长江三角洲区域经济体就业的满意度（均为 65%）最高。

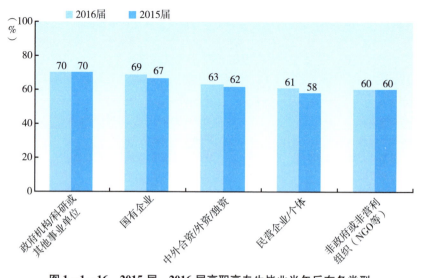

**图 1 - 1 - 16 2015 届、2016 届高职高专生毕业半年后在各类型
用人单位的就业满意度**

数据来源：麦可思－中国 2015 届、2016 届大学毕业生培养质量跟踪评价。

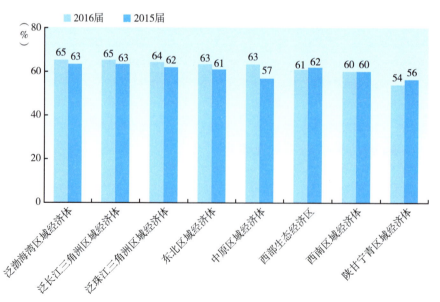

**图 1 - 1 - 17 2015 届、2016 届高职高专生毕业半年后在
各经济区域的就业满意度**

数据来源：麦可思－中国 2015 届、2016 届大学毕业生培养质量跟踪评价。

（二）职业期待吻合度

1. 总体职业期待吻合度

职业期待吻合度：毕业生被调查时的工作与职业期待吻合的人数百分比。

图 1 −1 −18 是 2015 届、2016 届大学毕业生工作与职业期待的吻合度。可以看出，2016 届大学毕业生工作与职业期待的吻合度为 48%，与 2015 届（47%）基本持平。其中，本科和高职高专院校 2016 届毕业生工作与职业期待的吻合度分别为 51%、45%，均与 2015 届（分别为 50%、44%）基本持平。

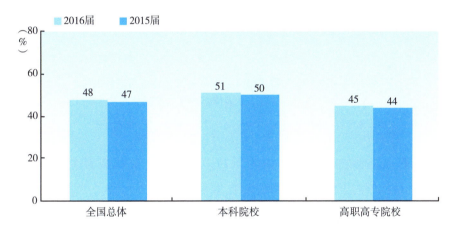

图 1 −1 −18　2015 届、2016 届大学毕业生工作与职业期待吻合度

数据来源：麦可思−中国 2015 届、2016 届大学毕业生培养质量跟踪评价。

2. 职业期待不吻合的原因

图 1 −1 −19 是 2015 届、2016 届高职高专毕业生目前的工作与职业期待不吻合的原因分布。可以看出，认为工作与职业期待不吻合的 2016 届高职高专毕业生中，有 31% 的人认为"不符合自己的职业发展规划"，其次是"不符合自己的兴趣爱好"（23%）。

3. 主要专业的职业期待吻合度

表 1 −1 −16 是 2015 届、2016 届各专业大类高职高专生毕业半年后的职业期待吻合度。可以看出，在 2016 届高职高专专业大类毕业生中，毕业

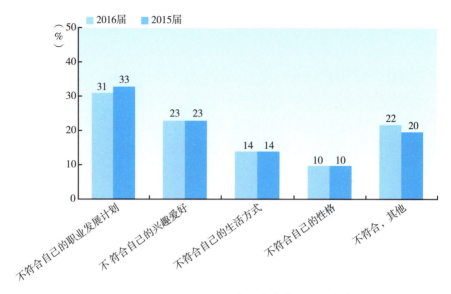

图1－1－19　2015届、2016届高职高专毕业生目前的工作
与职业期待不吻合的原因分布

数据来源：麦可思－中国2015届、2016届大学毕业生培养质量跟踪评价。

半年后职业期待吻合度最高的为医药卫生大类、文化教育大类（均为53%），最低的为资源开发与测绘大类（38%）。

表1－1－16　2015届、2016届各专业大类高职高专生毕业半年后的职业期待吻合度*

单位：%

高职高专专业大类名称	2016届	2015届	高职高专专业大类名称	2016届	2015届
医药卫生大类	53	52	公共事业大类	44	44
文化教育大类	53	52	旅游大类	44	43
艺术设计传媒大类	49	47	轻纺食品大类	43	44
农林牧渔大类	45	45	材料与能源大类	43	43
交通运输大类	45	44	环保、气象与安全大类	41	42
电子信息大类	45	42	制造大类	41	40
土建大类	44	44	生化与药品大类	41	38
财经大类	44	44	资源开发与测绘大类	38	37
全国高职高专	**45**	**44**	**全国高职高专**	**45**	**44**

*个别专业大类因为样本较少，没有包括在内。

数据来源：麦可思－中国2015届、2016届大学毕业生培养质量跟踪评价。

4. 主要职业的职业期待吻合度

表1－1－17　2016届高职高专毕业生从事的主要职业类的职业期待吻合度*

单位：%

高职高专职业类名称	职业期待吻合度	高职高专职业类名称	职业期待吻合度
表演艺术/影视	65	房地产经营	45
幼儿与学前教育	61	建筑工程	45
中小学教育	60	酒店/旅游/会展	44
美术/设计/创意	60	金融(银行/基金/证券/期货/理财)	44
医疗保健/紧急救助	58	环境保护	44
美容/健身	56	电力/能源	42
农/林/牧/渔类	55	保险	41
文化/体育	55	销售	41
高等教育/职业培训	54	服装/纺织/皮革	40
互联网开发及应用	53	矿山/石油	38
计算机与数据处理	53	电气/电子(不包括计算机)	37
媒体/出版	53	社区工作者	37
人力资源	50	行政/后勤	34
财务/审计/税务/统计	50	机械/仪器仪表	34
交通运输/邮电	49	测绘	34
公共关系	48	物流/采购	33
经营管理	47	生物/化工	33
公安/检察/法院/经济执法	47	餐饮/娱乐	32
机动车机械/电子	46	工业安全与质量	32
航空机械/电子	46	生产/运营	31
全国高职高专	**45**	**全国高职高专**	**45**

＊个别职业类因为样本较少，没有包括在内。

数据来源：麦可思－中国2016届大学毕业生培养质量跟踪评价。

（三）薪资分析

1. 总体月收入

月收入：指工资、奖金、业绩提成、现金福利补贴等所有的月度现金收入。

毕业半年后的平均月收入：指毕业生毕业半年后实际每月工作收入的平

均值。

图1-1-20是2014~2016届大学生毕业半年后的月收入变化趋势。可以看出，2016届大学毕业生月收入（3988元）比2015届（3726元）增长了262元，比2014届（3487元）增长了501元。其中，本科院校2016届毕业生月收入（4376元）比2015届（4042元）增长了334元，比2014届（3773元）增长了603元；高职高专院校2016届毕业生月收入（3599元）比2015届（3409元）增长了190元，比2014届（3200元）增长了399元。从近三届的趋势可以看出，大学生毕业半年后月收入呈现上升趋势。

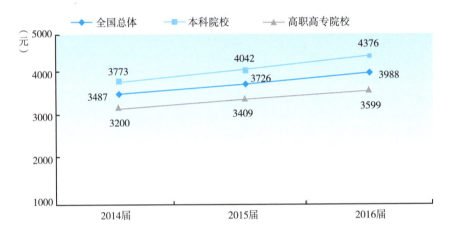

图1-1-20 2014~2016届大学生毕业半年后的月收入变化趋势

数据来源：麦可思-中国2014~2016届大学毕业生培养质量跟踪评价。

图1-1-21是2015届、2016届高职高专生毕业半年后的月收入分布。可以看出，2016届高职高专毕业生月收入在6000元以上的比例为7.0%，比2015届（5.7%）高1.3个百分点；月收入在1500元以下的比例为2.0%，低于2015届（2.8%）。

2. 主要专业的月收入

表1-1-18是2014~2016届各专业大类高职高专生毕业半年后的月收入。可以看出，在2016届高职高专专业大类中，毕业生毕业半年后月收入最高的是电子信息大类（3939元），最低的是医药卫生大类（3210元）。

图1－1－21 2015届、2016届高职高专生毕业半年后的月收入分布

数据来源：麦可思－中国2015届、2016届大学毕业生培养质量跟踪评价。

表1－1－18 2014~2016届各专业大类高职高专生毕业半年后的月收入*

单位：元

高职高专专业大类名称	2016届	2015届	2014届
电子信息大类	3939	3673	3439
交通运输大类	3922	3721	3604
制造大类	3860	3688	3455
资源开发与测绘大类	3823	3669	3375
材料与能源大类	3670	3448	3224
艺术设计传媒大类	3662	3389	3099
环保、气象与安全大类	3644	3425	3136
生化与药品大类	3590	3425	3144
公共事业大类	3514	3258	2948
土建大类	3489	3262	3061
财经大类	3485	3345	3049
轻纺食品大类	3473	3288	3091
农林牧渔大类	3467	3403	3135
旅游大类	3462	3348	3068
文化教育大类	3336	3227	3065
医药卫生大类	3210	2975	2745
全国高职高专	**3599**	**3409**	**3200**

*个别专业大类因为样本较少，没有包括在内。

数据来源：麦可思－中国2014~2016届大学毕业生培养质量跟踪评价。

表 1 - 1 - 19　2014 ~ 2016 届主要专业类高职高专生毕业半年后的月收入*

单位：元

高职高专专业类名称	2016 届	2015 届	2014 届
市场营销类	3972	3760	3415
计算机类	3968	3721	3408
电子信息类	3924	3696	3415
机械设计制造类	3909	3631	3456
水上运输类	3895	3661	3574
自动化类	3866	3656	3459
财政金融类	3861	3559	3163
材料类	3849	3539	3418
通信类	3841	3660	3487
测绘类	3841	3599	3556
机电设备类	3839	3605	3474
汽车类	3801	3668	3417
公路运输类	3765	3576	3476
能源类	3746	3717	3467
化工技术类	3725	3488	3349
港口运输类	3697	3480	3352
经济贸易类	3691	3536	3197
工商管理类	3669	3508	3210
城市轨道运输类	3666	3587	3505
广播影视类	3654	3501	3276
艺术设计类	3629	3517	3204
房地产类	3621	3428	3161
电力技术类	3568	3400	3157
语言文化类	3565	3278	3173
畜牧兽医类	3555	3515	3290
土建施工类	3555	3338	3251
纺织服装类	3511	3356	3172
医学技术类	3509	3158	2951
环保类	3495	3274	3075
林业技术类	3491	3322	3085
食品药品管理类	3488	3310	3162
旅游管理类	3485	3231	3009
建筑设备类	3469	3214	3163
公共管理类	3468	3351	2956
生物技术类	3437	3300	3147
食品类	3421	3195	2939
工程管理类	3407	3112	2931
建筑设计类	3367	3172	3023
公共事业类	3342	3095	3012
农业技术类	3316	3135	2974
制药技术类	3272	3105	2910
护理类	3267	2971	2653

续表

高职高专专业类名称	2016 届	2015 届	2014 届
药学类	3210	2870	2747
财务会计类	3209	3092	2832
教育类	2955	2850	2742
全国高职高专	**3599**	**3409**	**3200**

＊个别专业类因为样本较少，没有包括在内。

数据来源：麦可思 – 中国 2014 ~ 2016 届大学毕业生培养质量跟踪评价。

表 1 – 1 – 20　2016 届高职高专生毕业半年后月收入排前 50 位的主要专业＊

单位：元

高职高专专业名称	毕业半年后的平均月收入	高职高专专业名称	毕业半年后的平均月收入
社会体育	4442	电子信息工程技术	3893
软件技术	4424	数控技术	3891
国际金融	4178	计算机应用技术	3886
市场营销	4175	工程测量技术	3884
信息安全技术	4168	船舶工程技术	3881
汽车技术服务与营销	4134	机电一体化技术	3875
航海技术	4121	模具设计与制造	3872
移动通信技术	4111	计算机网络技术	3868
机械设计与制造	4100	机械制造与自动化	3853
轮机工程技术	4043	工程机械运用与维护	3847
计算机辅助设计与制造	3992	投资与理财	3844
焊接技术及自动化	3992	机电设备维修与管理	3843
多媒体设计与制作	3975	楼宇智能化工程技术	3830
电气化铁道技术	3965	房地产经营与估价	3822
金融保险	3960	公路运输与管理	3810
石油化工生产技术	3959	计算机多媒体技术	3807
营销与策划	3954	电子商务	3798
电气自动化技术	3937	计算机信息管理	3792
发电厂及电力系统	3920	国际经济与贸易	3780
应用电子技术	3919	汽车电子技术	3770
数控设备应用与维护	3918	市场开发与营销	3766
商务日语	3914	国际商务	3764
物联网技术	3902	汽车运用技术	3763
汽车制造与装配技术	3900	城市轨道交通控制	3742
道路桥梁工程技术	3898	工业设计	3741
全国高职高专	**3599**	**全国高职高专**	**3599**

＊毕业生规模过小的专业不包括在此排序中。

数据来源：麦可思 – 中国 2016 届大学毕业生培养质量跟踪评价。

月收入的"增长率" = （2016届毕业生的平均月收入－2015届毕业生的平均月收入）/2015届毕业生的平均月收入。月收入增长的幅度可能会受到基数的影响。

表1－1－21和表1－1－22分别是2016届高职高专生毕业半年后月收入增长最快/最慢的前十位专业类。可以看出，2016届高职高专生毕业半年后月收入增长最快的专业类为药学类，增长率为11.8%；半年后月收入增长最慢的专业类为能源类，增长率为0.8%。

表1－1－21　2016届高职高专生毕业半年后月收入增长最快的
前十位专业类（与2015届对比）*

单位：%，元

高职高专专业类名称	增长率	2016届	2015届
药学类	11.8	3210	2870
医学技术类	11.1	3509	3158
护理类	10.0	3267	2971
工程管理类	9.5	3407	3112
材料类	8.8	3849	3539
语言文化类	8.8	3565	3278
财政金融类	8.5	3861	3559
公共事业类	8.0	3342	3095
旅游管理类	7.9	3485	3231
建筑设备类	7.9	3469	3214

＊毕业生规模过小的专业类不包括在此排序中。
数据来源：麦可思－中国2015届、2016届大学毕业生培养质量跟踪评价。

表1－1－22　2016届高职高专生毕业半年后月收入增长最慢的
前十位专业类（与2015届对比）*

单位：%，元

高职高专专业类名称	增长率	2016届	2015届
能源类	0.8	3746	3717
畜牧兽医类	1.1	3555	3515
城市轨道运输类	2.2	3666	3587
艺术设计类	3.2	3629	3517
公共管理类	3.5	3468	3351
汽车类	3.6	3801	3668
教育类	3.7	2955	2850
财务会计类	3.8	3209	3092

续表

高职高专专业类名称	增长率	2016 届	2015 届
生物技术类	4.2	3437	3300
广播影视类	4.4	3654	3501

＊毕业生规模过小的专业类不包括在此排序中。

数据来源：麦可思－中国 2015 届、2016 届大学毕业生培养质量跟踪评价。

3. 主要职业的月收入

表 1－1－23 是 2015 届、2016 届高职高专生毕业半年后从事的主要职业类的月收入。可以看出，2016 届高职高专生毕业半年后月收入最高的职业类是"经营管理"（4557 元），其后是"房地产经营"（4494 元）、"航空机械/电子"（4359 元）。

表 1－1－23　2015 届、2016 届高职高专生毕业半年后从事的主要职业类的月收入＊

单位：元

高职高专职业类名称	2016 届	2015 届	高职高专职业类名称	2016 届	2015 届
经营管理	4557	4148	船舶机械	3592	3562
房地产经营	4494	4020	测绘	3574	3391
航空机械/电子	4359	—	公共关系	3546	3233
互联网开发及应用	4285	4101	服装/纺织/皮革	3510	3353
金融(银行/基金/证券/期货/理财)	4264	4141	人力资源	3486	3435
计算机与数据处理	4188	3942	餐饮/娱乐	3484	3430
美容/健身	4077	3777	高等教育/职业培训	3462	3212
表演艺术/影视	4034	3732	农/林/牧/渔类	3445	3335
矿山/石油	3984	3891	机动车机械/电子	3430	3495
交通运输/邮电	3954	3815	建筑工程	3423	3223
生产/运营	3878	3671	美术/设计/创意	3410	3231
销售	3855	3633	酒店/旅游/会展	3370	3180
电气/电子(不包括计算机)	3814	3582	环境保护	3283	3138
保险	3809	3745	社区工作者	3248	2975
机械/仪器仪表	3767	3629	公安/检察/法院/经济执法	3220	3202
工业安全与质量	3720	3529	行政/后勤	3199	3000
物流/采购	3711	3431	财务/审计/税务/统计	3114	2969
电力/能源	3702	3571	医疗保健/紧急救助	3111	2957
媒体/出版	3694	3367	中小学教育	3030	2826
文化/体育	3689	—	幼儿与学前教育	2706	2565
生物/化工	3681	3404			
全国高职高专	**3599**	**3409**	**全国高职高专**	**3599**	**3409**

＊个别职业类因为样本较少，没有包括在内。

数据来源：麦可思－中国 2015 届、2016 届大学毕业生培养质量跟踪评价。

表 1 –1 –24　2016 届高职高专生毕业半年后月收入最高的前 50 位职业 *

单位：元

高职高专毕业生月收入最高的前 50 位职业名称	毕业半年后的平均月收入
互联网开发师	5298
总经理和日常主管	5143
市场经理	4839
计算机系统软件工程技术员	4826
房地产经纪人	4761
计算机程序员	4728
计算机软件应用工程技术员	4726
销售经理	4690
信贷经纪人	4686
贷款顾问	4684
银行信贷员	4680
证券经纪人	4639
健身教练和健身操指导员	4594
一线销售经理（非零售）	4525
铁路闸、铁路信号和转辙器操作员	4443
金融服务销售商	4423
融资专员	4413
网络设计师	4396
铁轨铺设及维护设备操作员	4392
个人理财顾问	4303
银行柜员	4279
一线销售经理（零售）	4157
销售代表（医疗用品）	4105
生产及操作人员的初级主管	4073
其他销售代表、服务商	4038
机械装配技术员	3997
电子商务专员	3997
工业工程技术员	3986

续表

高职高专毕业生月收入最高的前 50 位职业名称	毕业半年后的平均月收入
保险推销员	3984
餐饮服务主管	3979
计算机技术支持员	3955
销售技术员	3951
安全工程技术员	3945
电子工程技术员	3943
电子和电气设备装配技术员	3932
化工厂系统操作员	3912
其他计算机专业人员	3905
销售代表(机械设备和零件)	3901
电气工程技术员	3889
职业培训师	3879
仓储主管	3873
货运代理	3851
运输服务员(不包括航空乘务员和行李搬运工)	3849
生产计划管理员	3841
电气和电子运输设备安装者和修理技术员	3839
广告业务员	3822
市场专员	3808
非农产品的批发和零售卖主	3807
工业机械技术员	3803
化学设备操作员和管理员	3787
全国高职高专	**3599**

*个别职业因为样本较少，没有包括在内。

数据来源：麦可思–中国 2016 届大学毕业生培养质量跟踪评价。

　　表 1－1－25 和表 1－1－26 分别是 2016 届高职高专生毕业半年后月收入增长最快/最慢的前十位职业类。可以看出，2016 届高职高专生毕业半年后月收入增长最快的职业类为"房地产经营"，增长率为 11.8%；毕业半年后月收入增长最慢的职业类为"机动车机械/电子"，增长率为 –1.9%。

表 1 – 1 – 25　2016 届高职高专生毕业半年后月收入增长最快的
前十位职业类（与 2015 届对比）*

单位：%，元

高职高专职业类名称	增长率	2016 届	2015 届
房地产经营	11.8	4494	4020
经营管理	9.9	4557	4148
媒体/出版	9.7	3694	3367
公共关系	9.7	3546	3233
社区工作者	9.2	3248	2975
物流/采购	8.2	3711	3431
生物/化工	8.1	3681	3404
表演艺术/影视	8.1	4034	3732
美容/健身	7.9	4077	3777
高等教育/职业培训	7.8	3462	3212

＊毕业生规模过小的职业类不包括在此排序中。

数据来源：麦可思 – 中国 2015 届、2016 届大学毕业生培养质量跟踪评价。

表 1 – 1 – 26　2016 届高职高专生毕业半年后月收入增长最慢的
前十位职业类（与 2015 届对比）*

单位：%，元

高职高专职业类名称	增长率	2016 届	2015 届
机动车机械/电子	– 1.9	3430	3495
公安/检察/法院/经济执法	0.6	3220	3202
船舶机械	0.8	3592	3562
人力资源	1.5	3486	3435
餐饮/娱乐	1.6	3484	3430
保险	1.7	3809	3745
矿山/石油	2.4	3984	3891
金融（银行/基金/证券/期货/理财）	3.0	4264	4141
农/林/牧/渔类	3.3	3445	3335
交通运输/邮电	3.6	3954	3815

＊毕业生规模过小的职业类不包括在此排序中。

数据来源：麦可思 – 中国 2015 届、2016 届大学毕业生培养质量跟踪评价。

4. 主要行业的月收入

表 1 – 1 – 27 是 2015 届、2016 届高职高专生毕业半年后在主要行业类的月收入。可以看出，2016 届高职高专生毕业半年后月收入最高的行业类为"金融（银行/保险/证券）业"（4139 元），其次是"运输业"（4113元）。

表 1 – 1 – 27　2015 届、2016 届高职高专生毕业半年后在主要行业类的月收入 *

单位：元

高职高专行业类名称	2016 届	2015 届	高职高专行业类名称	2016 届	2015 届
金融(银行/保险/证券)业	4139	4020	化学品、化工、塑胶业	3513	3422
运输业	4113	3806	农业、林业、渔业和畜牧业	3452	3319
房地产开发销售租赁及其他租赁业	4100	3871	各类专业设计与咨询服务业	3447	3329
媒体、信息及通信产业	4006	3797	食品、烟草、加工业	3441	3276
交通工具制造业	3860	3711	行政、商业和环境保护辅助业	3372	3133
艺术、娱乐和休闲业	3838	3722	其他服务业(除行政服务)	3363	3212
电子电气仪器设备及电脑制造业	3816	3638	住宿和饮食业	3353	3314
邮递、物流及仓储业	3642	3458	纺织皮革及成品加工业	3310	3227
家具、医疗设备及其他制成品业	3630	3380	玻璃黏土、石灰水泥制品业	3295	3124
水电煤气公用事业	3622	3438	木品和纸品业	3272	3231
机械五金制造业	3616	3425	建筑业	3271	3174
批发商业	3601	3324	政府及公共管理	3207	3075
初级金属制造业	3600	3440	医疗和社会护理服务业	3155	3031
矿业	3596	3536	教育业	3073	2948
零售商业	3594	3396			
全国高职高专	**3599**	**3409**	**全国高职高专**	**3599**	**3409**

* 个别行业类因为样本较少，没有包括在内。

数据来源：麦可思 – 中国 2015 届、2016 届大学毕业生培养质量跟踪评价。

表 1 – 1 – 28 和表 1 – 1 – 29 分别是 2016 届高职高专生毕业半年后月收入增长最快/最慢的前五位行业类。可以看出，2016 届高职高专生毕业半年后月收入增长最快的行业类为"批发商业"，增长率为 8.3%；毕业半年后月收入增长最慢的行业类为"住宿和饮食业"，增长率为 1.2%。

图1-1-22　2016届高职高专生毕业半年后月收入最高的前十位行业

数据来源：麦可思－中国2016届大学毕业生培养质量跟踪评价。

表1-1-28　2016届高职高专生毕业半年后月收入增长最快的

前五位行业类（与2015届对比）*

单位：%，元

高职高专行业类名称	增长率	2016届	2015届
批发商业	8.3	3601	3324
运输业	8.1	4113	3806
行政、商业和环境保护辅助业	7.6	3372	3133
家具、医疗设备及其他制成品业	7.4	3630	3380
房地产开发销售租赁及其他租赁业	5.9	4100	3871

＊毕业生规模过小的行业类不包括在此排序中。

数据来源：麦可思－中国2015届、2016届大学毕业生培养质量跟踪评价。

5. 各用人单位类型的月收入

图1-1-23是2015届、2016届高职高专生毕业半年后在各类型用人单位的月收入。可以看出，2016届高职高专生毕业半年后在"中外合资/外资/独资"单位就业的人群月收入最高（3998元）；与2015届相比，2016届高职高专毕业生在各类型用人单位就业的月收入都有所上升。

表 1 – 1 – 29　2016 届高职高专生毕业半年后月收入增长最慢的
前五位行业类（与 2015 届对比）*

单位：%，元

高职高专行业类名称	增长率	2016 届	2015 届
住宿和饮食业	1.2	3353	3314
木品和纸品业	1.3	3272	3231
矿业	1.7	3596	3536
纺织皮革及成品加工业	2.6	3310	3227
化学品、化工、塑胶业	2.7	3513	3422

＊毕业生规模过小的行业类不包括在此排序中。
数据来源：麦可思 – 中国 2015 届、2016 届大学毕业生培养质量跟踪评价。

图 1 – 1 – 23　2015 届、2016 届高职高专生毕业半年后在
各类型用人单位的月收入

数据来源：麦可思 – 中国 2015 届、2016 届大学毕业生培养质量跟踪评价。

图 1 – 1 – 24 是 2015 届、2016 届高职高专生毕业半年后在各规模用人
单位的月收入。可以看出，2016 届高职高专毕业生在"3000 人以上"规模
的大型用人单位就业的月收入最高（4138 元）；与 2015 届相比，2016 届高
职高专毕业生在各规模用人单位就业的月收入都有所上升。

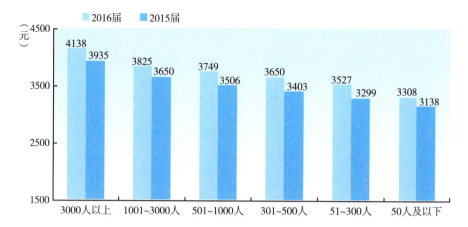

图 1 - 1 - 24　2015 届、2016 届高职高专生毕业半年后在
各规模用人单位的月收入

数据来源：麦可思 - 中国 2015 届、2016 届大学毕业生培养质量跟踪评价。

6. 各经济区域的月收入

图 1 - 1 - 25 是 2015 届、2016 届高职高专生毕业半年后在各经济区域就业的月收入。可以看出，2016 届高职高专生毕业半年后在泛长江三角洲区域经济体就业的月收入最高，为 3821 元。

（四）工作与专业相关度

1. 总体工作与专业相关度

工作与专业相关度 = 受雇全职工作并且与专业相关的毕业生人数/受雇全职工作的毕业生人数。

图 1 - 1 - 27 是 2015 届、2016 届大学毕业生的工作与专业相关度。可以看出，2016 届大学毕业生的工作与专业相关度为 66%，与 2015 届（66%）持平。其中，本科和高职高专院校 2016 届毕业生的工作与专业相关度分别为 70%、62%，均与 2015 届（分别为 69%、62%）基本持平。

**图 1 - 1 - 25　2015 届、2016 届高职高专生毕业半年后
在各经济区域就业的月收入**

数据来源：麦可思 - 中国 2015 届、2016 届大学毕业生培养质量跟踪评价。

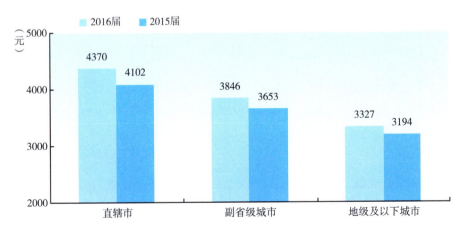

**图 1 - 1 - 26　2015 届、2016 届高职高专生毕业半年后
在各类型城市就业的月收入**

数据来源：麦可思 - 中国 2015 届、2016 届大学毕业生培养质量跟踪评价。

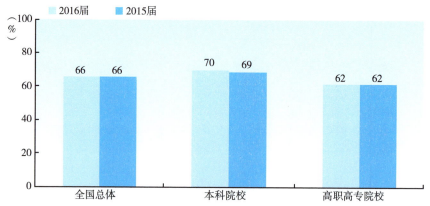

图 1 - 1 - 27 2015 届、2016 届大学毕业生的工作与专业相关度

数据来源：麦可思 - 中国 2015 届、2016 届大学毕业生培养质量跟踪评价。

2. 选择与专业无关工作的原因

图 1 - 1 - 28 是 2015 届、2016 届高职高专毕业生选择与专业无关工作的主要原因。可以看出，2016 届高职高专毕业生选择与专业无关工作的主要原因是"迫于现实先就业再择业"和"专业工作不符合自己的职业期待"（均为 28%）。

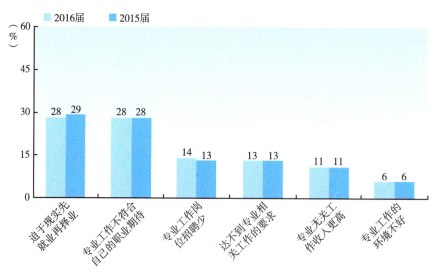

图 1 - 1 - 28 2015 届、2016 届高职高专毕业生选择与
专业无关工作的主要原因

数据来源：麦可思 - 中国 2015 届、2016 届大学毕业生培养质量跟踪评价。

3. 主要专业的专业相关度

表1－1－30是2015届、2016届高职高专各专业大类毕业生的工作与专业相关度。可以看出，在2016届高职高专专业大类中，专业相关度最高的是医药卫生大类（89%），其次是材料与能源大类（72%），最低的是旅游大类（50%）。

表1－1－30　2015届、2016届高职高专各专业大类毕业生的工作与专业相关度*

单位：%

高职高专专业大类名称	2016届	2015届	高职高专专业大类名称	2016届	2015届
医药卫生大类	89	89	财经大类	58	58
材料与能源大类	72	74	农林牧渔大类	56	57
交通运输大类	65	63	制造大类	54	57
文化教育大类	65	63	公共事业大类	54	51
土建大类	64	69	电子信息大类	53	53
艺术设计传媒大类	63	63	环保、气象与安全大类	52	53
生化与药品大类	62	64	轻纺食品大类	52	51
资源开发与测绘大类	59	62	旅游大类	50	52
全国高职高专	**62**	**62**	**全国高职高专**	**62**	**62**

＊个别专业大类因为样本较少，没有包括在内。

数据来源：麦可思－中国2015届、2016届大学毕业生培养质量跟踪评价。

表1－1－31　2016届高职高专毕业生工作与专业相关度排前30位的主要专业*

单位：%

高职高专专业名称	工作与专业相关度	高职高专专业名称	工作与专业相关度
高压输配电线路施工运行与维护	94	电力系统自动化技术	82
医学检验技术	91	畜牧兽医	80
临床医学	91	道路桥梁工程技术	78
学前教育	91	供用电技术	76
医学影像技术	90	英语教育	76
护理	89	水利水电建筑工程	74
数学教育	88	建筑设计技术	74
康复治疗技术	88	初等教育	74
药学	86	市政工程技术	74
助产	85	公路监理	74
中药	84	城市轨道交通工程技术	73
电力系统继电保护与自动化	84	工程测量技术	71
电气化铁道技术	83	装潢艺术设计	70
发电厂及电力系统	83	市场营销	70
语文教育	82	口腔医学技术	70
全国高职高专	**62**	**全国高职高专**	**62**

＊毕业生规模过小的专业不包括在此排序中。

数据来源：麦可思－中国2016届大学毕业生培养质量跟踪评价。

4. 主要职业的工作与专业相关度

表 1－1－32　2016 届高职高专毕业生工作与专业相关度要求最高的前 20 位职业 *

单位：%

职业名称	工作与专业相关度	职业名称	工作与专业相关度
护士	98	暖通技术员	91
放射技术员	98	土木建筑工程技术员	91
紧急医疗救护及护理人员	97	建筑技术员	90
医学及临床实验的技术员	97	航空乘务员	90
医生助手	95	施工技术员	90
护士助理和护理员	95	工程造价师	89
药剂技师	94	会计	89
预算员	93	化学技术员	88
食品检验员	92	车身修理技术员	88
理疗员	91	园林建筑技术员	88
全国高职高专	**62**	**全国高职高专**	**62**

＊毕业生规模过小的职业不包括在此排序中。

数据来源：麦可思－中国 2016 届大学毕业生培养质量跟踪评价。

表 1－1－33　2016 届高职高专毕业生工作与专业相关度要求最低的前 20 位职业 *

单位：%

职业名称	工作与专业相关度	职业名称	工作与专业相关度
个人理财顾问	23	数据录入员	30
金融服务销售商	24	半导体加工人员	30
警察	25	行政秘书和行政助理	30
房地产经纪人	26	保单管理员	31
信贷经纪人	28	休闲项目工作员	32
贷款顾问	28	融资专员	34
证券和期货销售商	28	档案管理员	34
手工包装工	28	其他种类的人力资源、培训和劳资关系专职人员	34
保险推销员	29	客服专员	34
文员	30	证券经纪人	36
全国高职高专	**62**	**全国高职高专**	**62**

＊毕业生规模过小的职业不包括在此排序中。

数据来源：麦可思－中国 2016 届大学毕业生培养质量跟踪评价。

（五）离职率

离职率：有过工作经历的毕业生（从毕业时到 2016 年 12 月 31 日）有多大百分比发生过离职。离职率＝曾经发生离职行为的毕业生人数/现在工作或曾经工作过的毕业生人数。

离职类型：分为主动离职（辞职）、被雇主解职、两者均有（离职两次以上可能会出现）三类情形。

1. 离职率

图 1-1-29 是 2015 届、2016 届大学生毕业半年内的离职率。可以看出，2016 届大学毕业生毕业半年内的离职率为 34%，与 2015 届（34%）持平。其中，本科和高职高专院校 2016 届毕业生毕业半年内离职率分别为24%、43%，与 2015 届（分别为 24%、43%）持平。

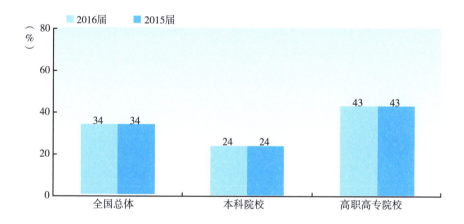

图 1-1-29 2015 届、2016 届大学生毕业半年内的离职率

数据来源：麦可思－中国 2015 届、2016 届大学毕业生培养质量跟踪评价。

表 1-1-34 是 2015 届、2016 届各专业大类高职高专生毕业半年内的离职率。可以看出，在 2016 届高职高专专业大类中，医药卫生大类半年内离职率最低（21%），艺术设计传媒大类的半年内离职率最高（52%）。

表1-1-34 2015届、2016届各专业大类高职高专生毕业半年内的离职率*

单位：%

高职高专专业大类名称	2016届	2015届	高职高专专业大类名称	2016届	2015届
医药卫生大类	21	22	制造大类	45	42
材料与能源大类	25	26	土建大类	45	43
交通运输大类	33	36	公共事业大类	45	46
资源开发与测绘大类	38	40	轻纺食品大类	47	46
文化教育大类	40	41	旅游大类	47	48
生化与药品大类	40	42	财经大类	49	48
农林牧渔大类	41	41	电子信息大类	50	49
环保、气象与安全大类	43	43	艺术设计传媒大类	52	54
全国高职高专	**43**	**43**	**全国高职高专**	**43**	**43**

*个别专业大类因为样本较少，没有包括在内。

数据来源：麦可思－中国2015届、2016届大学毕业生培养质量跟踪评价。

2. 离职类型

图1-1-30和图1-1-31是2015届、2016届高职高专毕业生的离职类型分布和主动离职的原因。可以看出，2016届高职高专生毕业半年内离职的人群有99%发生过主动离职，主动离职的主要原因是"薪资福利偏低"和"个人发展空间不够"（均为47%）。

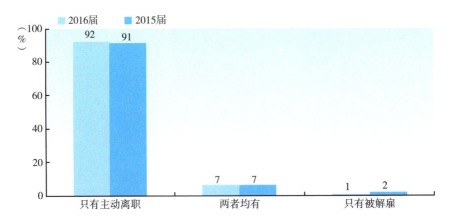

图1-1-30 2015届、2016届高职高专毕业生的离职类型分布

数据来源：麦可思－中国2015届、2016届大学毕业生培养质量跟踪评价。

3. 主动离职原因

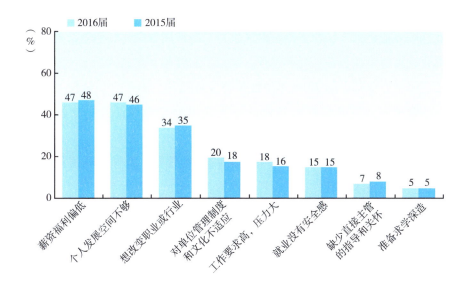

**图1-1-31 2015届、2016届高职高专毕业生
主动离职的原因（多选）**

数据来源：麦可思-中国2015届、2016届大学毕业生培养质量跟踪评价

（六）专业预警

红牌专业：失业量较大，就业率、月收入和就业满意度综合较低的专业，为高失业风险型专业。

黄牌专业：除红牌专业外，失业量较大，就业率、月收入和就业满意度综合较低的专业。

绿牌专业：失业量较小，就业率、月收入和就业满意度综合较高的专业，为需求增长型专业。

出现红、黄牌专业的原因既可能是供大于求，也可能是培养质量达不到岗位需求，而这是导致大学毕业生找不到工作与企业招不到人才的原因之一。专业预警分析可以引导政府和高校主动调整学科专业设置，提高人才培养质量，增强高等教育的人才培养对社会需求的质与量的敏感度和反应性，

从而更好地建立与社会需求相适应的专业结构。

表1-1-35是2017年高职高专"红黄绿牌"专业。2017年高职高专就业红牌专业包括：法律事务、语文教育、图形图像制作、初等教育、会计电算化；黄牌专业包括：财务管理、建筑工程管理、食品营养与检测、影视动画。以上专业部分与2016年的红黄牌专业相同，属于失业量较大，就业率、薪资和就业满意度综合较低的高失业风险型专业，这些专业具有持续性。

2017年高职高专就业绿牌专业包括：市场营销、电气化铁道技术、电力系统自动化技术、软件技术、视觉传达、发电厂及电力系统。以上专业部分与2016年的绿牌专业相同，属于失业量较小，就业率、薪资和就业满意度综合较高的需求增长型专业。

表1-1-35　2017年高职高专"红黄绿牌"专业

红牌专业	黄牌专业	绿牌专业
法律事务	财务管理	市场营销
语文教育	建筑工程管理	电气化铁道技术
图形图像制作	食品营养与检测	电力系统自动化技术
初等教育	影视动画	软件技术
会计电算化		视觉传达
		发电厂及电力系统

数据来源：麦可思-中国2014~2016届大学毕业生培养质量跟踪评价。

一 自主创业比例

图1-2-1是2014~2016届大学生毕业半年后自主创业的比例变化趋势。可以看出，2016届大学生毕业半年后自主创业的比例为3.0%，与2015届、2014届（分别为3.0%、2.9%）基本持平。2016届高职高专生毕业半年后自主创业的比例（3.9%）高于本科毕业生（2.1%）。从近三届的趋势可以看出，大学毕业生自主创业的比例呈现平稳态势。

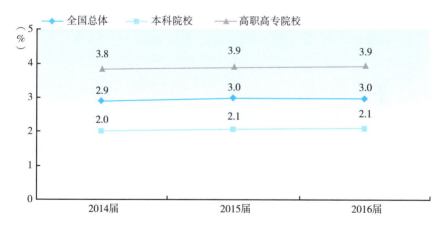

图1-2-1 2014~2016届大学生毕业半年后自主创业的比例变化趋势

数据来源：麦可思－中国2014~2016届大学毕业生培养质量跟踪评价。

就业经济区域自主创业比例 =在本经济区域自主创业的毕业生人数/在本经济区域就业的毕业生人数。

图 1 - 2 - 2 是 2015 届、2016 届在各经济区域就业的高职高专毕业生自主创业的比例。可以看出，2016 届高职高专毕业生自主创业比例最高的就业经济区域为中原区域经济体（5.0%）。

**图 1 - 2 - 2　2015 届、2016 届在各经济区域就业的高职高专
毕业生自主创业的比例**

数据来源：麦可思 - 中国 2015 届、2016 届大学毕业生培养质量跟踪评价。

二　自主创业分布

（一）创业人群分布

毕业三年后：麦可思于 2016 年对 2013 届大学毕业生进行了三年后跟踪评价（曾于 2014 年年初对这批大学毕业生进行过半年后跟踪评价），本报告涉及的三年内的变化分析即使用两次对同一批大学生的跟踪评价数据。

图1-2-3是2013届大学生毕业半年后自主创业的比例（与2013届三年后对比）。可以看出，2013届大学生毕业半年后有2.3%的人自主创业（本科为1.2%，高职高专为3.3%），三年后有5.9%的人自主创业（本科为3.8%，高职高专为8.0%），说明有更多的毕业生在毕业三年内选择了自主创业。

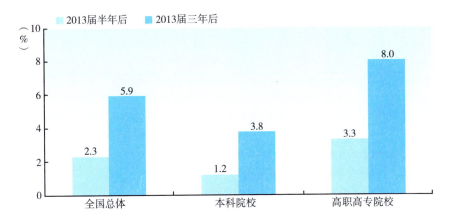

图1-2-3　2013届大学生毕业半年后自主创业的比例
（与2013届三年后对比）

数据来源：麦可思-中国2013届大学毕业生半年后培养质量跟踪评价，2013届大学毕业生三年后职业发展跟踪评价。

图1-2-4是2013届高职高专毕业半年后自主创业人群在毕业三年后的就业去向分布。可以看出，毕业半年后自主创业的2013届高职高专毕业生中有46.8%的人三年后还在继续自主创业，比2012届（47.5%）略低；有47.7%的人选择了受雇全职工作，比2012届（48.4%）略低。

（二）职业分布

自主创业集中的职业类比例：自主创业人群中有多大比例的毕业生从事该职业类。分子是自主创业人群中从事该职业类的毕业生人数，分母是毕业生自主创业的总人数。

图1-2-5是2016届高职高专生毕业半年后自主创业最集中的前五位

图1-2-4 2013届高职高专生毕业半年后自主创业人群在毕业三年后的就业去向分布（与2012届三年后对比）

数据来源：麦可思-中国2012届、2013届大学毕业生三年后职业发展跟踪评价，2012届、2013届大学毕业生半年后培养质量跟踪评价。

职业类。可以看出，2016届高职高专生毕业半年后自主创业主要集中在销售类职业（17.6%）。

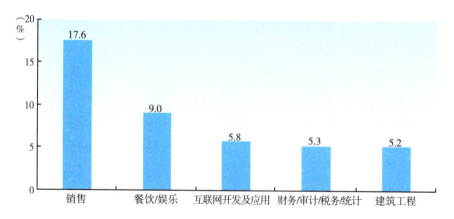

图1-2-5 2016届高职高专生毕业半年后自主创业最集中的前五位职业类

数据来源：麦可思-中国2016届大学毕业生培养质量跟踪评价。

图 1 - 2 - 6 是 2013 届高职高专生毕业三年后自主创业最集中的前五位职业类。可以看出，2013 届高职高专生毕业三年后自主创业也主要集中在销售类职业（17.2%）。

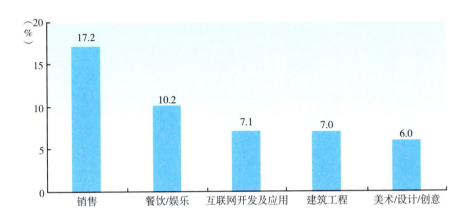

**图 1 - 2 - 6 2013 届高职高专生毕业三年后自主创业
最集中的前五位职业类**

数据来源：麦可思 - 中国 2013 届大学毕业生三年后职业发展跟踪评价。

（三）行业分布

自主创业集中的行业类比例：自主创业人群中有多大比例毕业生在该行业类就业，分子是自主创业人群中在该行业类就业的毕业生人数，分母是毕业生自主创业的总人数。

图 1 - 2 - 7 是 2016 届高职高专生毕业半年后自主创业最集中的前五位行业类。可以看出，2016 届高职高专生毕业半年后自主创业主要集中在零售商业（13.9%）。

图 1 - 2 - 8 是 2013 届高职高专生毕业三年后自主创业最集中的前五位行业类。可以看出，2013 届高职高专生毕业三年后自主创业也主要集中在零售商业（14.3%）。

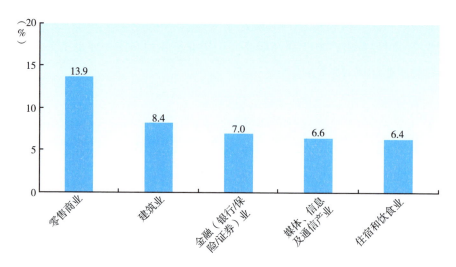

**图 1 - 2 - 7　2016 届高职高专生毕业半年后自主创业
最集中的前五位行业类**

数据来源：麦可思 - 中国 2016 届大学毕业生培养质量跟踪评价。

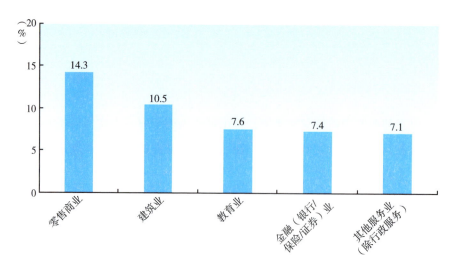

**图 1 - 2 - 8　2013 届高职高专生毕业三年后自主创业
最集中的前五位行业类**

数据来源：麦可思 - 中国 2013 届大学毕业生三年后职业发展跟踪评价。

三 自主创业月收入

图 1 - 2 - 9 是 2016 届高职高专生毕业半年后自主创业的月收入。可以看出，2016 届高职高专生毕业半年后自主创业人群的月收入为 4717 元，比2016 届高职高专生毕业半年后平均月收入（3599 元）高 1118 元。

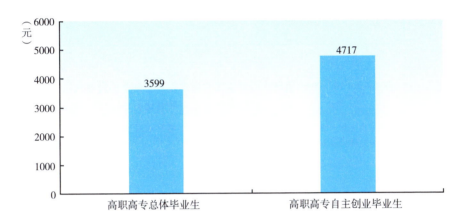

图 1 - 2 - 9　2016 届高职高专生毕业半年后自主创业的月收入

数据来源：麦可思 - 中国 2016 届大学毕业生培养质量跟踪评价。

图 1 - 2 - 10 是 2013 届高职高专生毕业半年后自主创业的月收入（与2013 届三年后对比）。可以看出，2013 届高职高专生毕业半年后自主创业人群的月收入为 3871 元，在毕业三年后为 8632 元，涨幅比例为 123%，明显高于 2013 届高职高专毕业生平均水平（半年后为 2940 元，三年后为 5312元，涨幅为 81%）。

四 自主创业动机

图 1 - 2 - 11 是 2015 届、2016 届高职高专毕业生自主创业的动机分布。可以看出，创业理想是 2016 届高职高专毕业生自主创业最重要的动力（44%），

图 1 - 2 - 10   2013 届高职高专生毕业半年后自主创业的月收入
（与 2013 届三年后对比）

数据来源：麦可思－中国 2013 届大学毕业生半年后培养质量跟踪评价，2013 届大学毕业生三年后职业发展跟踪评价。

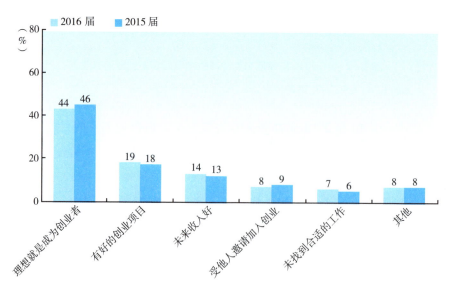

图 1 - 2 - 11   2015 届、2016 届高职高专毕业生自主创业的动机分布

数据来源：麦可思－中国 2015 届、2016 届大学毕业生培养质量跟踪评价。

选择自主创业的毕业生中，绝大多数（85%）属于"机会型创业"①，只有7%属于"生存型创业"。

五　自主创业资金来源

图 1-2-12 是 2015 届、2016 届高职高专毕业生自主创业的资金来源分布。可以看出，2016 届高职高专毕业生自主创业的资金主要依靠父母/亲友投资或借贷和个人积蓄（75%），而来自政府资助（4%）、商业性风险投资（2%）的比例均较小。

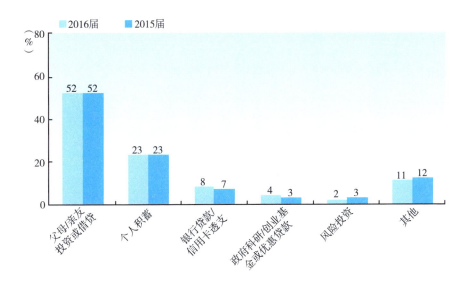

图 1-2-12　2015 届、2016 届高职高专毕业生自主创业的资金来源分布

数据来源：麦可思 - 中国 2015 届、2016 届大学毕业生培养质量跟踪评价。

---

① **机会型创业**指的是为了抓住和充分利用市场机会而进行的创业；**生存型创业**指的是创业者因找不到合适的工作而进行的创业。该理论由全球创业观察（Global Entrepreneurship Monitor）2001 年报告首次提出。其中，机会型创业包括：理想就是成为创业者、有好的创业项目、受他人邀请加入创业、未来收入高等；生存型创业包括：未找到合适的工作。

六 自主创业风险

图 1 - 2 - 13 是 2015 届、2016 届高职高专毕业生自主创业的风险因素分布。可以看出，2016 届高职高专毕业生自主创业的主要风险因素为缺少资金（32%），其次是缺乏企业管理经验（25%）、市场推广困难（19%）。

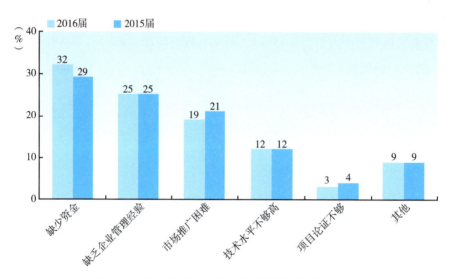

图 1 - 2 - 13 2015 届、2016 届高职高专毕业生自主创业的风险因素分布

数据来源：麦可思 - 中国 2015 届、2016 届大学毕业生培养质量跟踪评价。

七 创新能力

创新能力：35 项基本工作能力中与创新能力相关的几项能力，包括科学分析、批判性思维、积极学习、新产品构思四项能力。

图 1 - 2 - 14 是 2016 届大学毕业生的创新能力指标。可以看出，2016 届大学毕业生毕业时掌握的创新能力水平为 55%（本科为 56%，高职高专为 53%），毕业生创新能力的满足度为 83%（本科和高职高专均为 83%）。

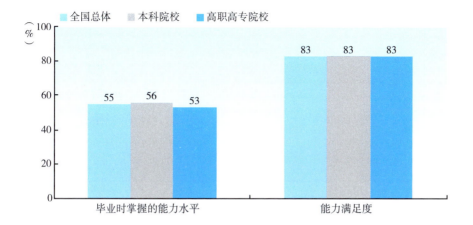

图 1 – 2 – 14　2016 届大学毕业生的创新能力指标

数据来源：麦可思 – 中国 2016 届大学毕业生培养质量跟踪评价。

八　创业教育

图 1 – 2 – 15 是 2015 届、2016 届高职高专自主创业毕业生认为对创业有帮助的活动分布。可以看出，2016 届高职高专自主创业的毕业生认为对创业最有帮助的活动为"假期实习/课外兼职"（38％）。

创新创业教育： 指毕业生在大学期间参加过的创新创业教育。包括："创业辅导活动"、"创业教学课程"、"创业竞赛活动"、"创业实践活动"、"其他"，一个毕业生可以选择参加多类教育。

创新创业教育有效性： 毕业生选择了参加某类创新创业教育后，会再评价该类教育对其工作或学习是否有帮助。创新创业教育有效性＝参加过该类教育并表示有帮助的人数/参加过该类教育的人数。

图 1 – 2 – 16 是 2016 届高职高专毕业生接受母校提供的创新创业教育及认为其有效的比例。可以看出，2016 届高职高专毕业生接受母校提供的创新创业教育主要是创业辅导活动（55％），其有效性为 72％。

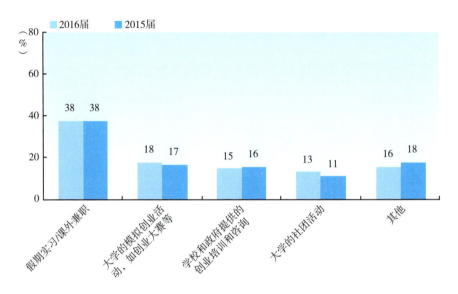

图1－2－15　2015届、2016届高职高专自主创业毕业生认为对创业有帮助的活动分布

数据来源：麦可思－中国2015届、2016届大学毕业生培养质量跟踪评价。

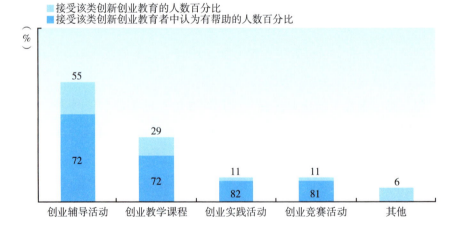

图1－2－16　2016届高职高专毕业生接受母校提供的创新创业教育及认为其有效的比例（多选）

数据来源：麦可思－中国2016届大学毕业生培养质量跟踪评价。

　　图1－2－17是2016届高职高专毕业生认为母校创新创业教育需要改进的地方。可以看出，2016届高职高专毕业生认为创新创业教育最需要改进的地方是"创新创业实践类活动不足"（52%），其后是"创新创业教育课程缺乏"（43%）、"教学方法不适用于创新创业教育"（36%）。

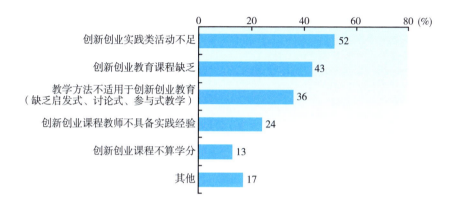

图1－2－17　2016届高职高专毕业生认为母校创新创业
教育需要改进的地方（多选）

数据来源：麦可思－中国2016届大学毕业生培养质量跟踪评价。

B.5
第三章
专升本

一 读本科的比例

专升本：指高职高专毕业生毕业后继续就读本科。有专升本、专插本、专接本、专转本多种形式，本报告中统一称为"专升本"。

表1-3-1是2015届、2016届高职高专各专业大类读本科的比例。可以看出，2016届高职高专毕业生毕业后有4.9%选择了读本科，毕业生读本科比例最高的高职高专专业大类是文化教育大类（7.4%），最低的是资源开发与测绘大类（2.4%）。

表1-3-1 2015届、2016届高职高专各专业大类读本科的比例*

单位：%

高职高专专业大类名称	2016届	2015届	高职高专专业大类名称	2016届	2015届
文化教育大类	7.4	7.6	旅游大类	4.6	4.2
财经大类	6.4	6.3	土建大类	4.1	3.6
艺术设计传媒大类	6.0	5.2	轻纺食品大类	4.1	3.5
环保、气象与安全大类	5.6	5.3	公共事业大类	3.9	3.5
生化与药品大类	5.6	4.3	制造大类	3.5	2.8
医药卫生大类	5.0	5.0	材料与能源大类	3.4	3.2
农林牧渔大类	4.8	5.7	交通运输大类	2.9	2.7
电子信息大类	4.7	4.6	资源开发与测绘大类	2.4	2.2
全国高职高专	**4.9**	**4.7**	**全国高职高专**	**4.9**	**4.7**

*个别专业大类因为样本较少，没有包括在内。

数据来源：麦可思-中国2015届、2016届大学毕业生培养质量跟踪评价。

二 读本科的原因

图 1 – 3 – 1 是 2015 届、2016 届高职高专毕业生选择读本科的原因分布。可以看出，2016 届高职高专毕业生选择读本科的主要的原因是想去更好的大学（29%）、职业发展需要（27%）和就业前景好（26%）。

图 1 – 3 – 1　2015 届、2016 届高职高专毕业生选择读本科的原因分布

数据来源：麦可思 – 中国 2015 届、2016 届大学毕业生培养质量跟踪评价。

105

B.6
第四章
未就业分析

未就业：本研究将应届毕业生在毕业半年后调查时没有全职或者半职雇用工作，也没有创业、入伍或升学的状态，视为未就业。这包括准备考研、准备出国读研、还在找工作和"待定族"四种情况。

待定族：指调查时处于失业状态且不打算求职和求学的大学毕业生。

失业率 ＝未就业毕业生数/需就业的总毕业生数，需就业的总毕业生数不包括国内外读研（本科毕业生）、读本科（高职高专毕业生）的人数。

一 失业率

图1-4-1是2014~2016届大学生毕业半年后的失业率变化趋势。可以看出，2016届大学生毕业半年后的失业率（8.4%）与2015届（8.3%）基本持平，比2014届（7.9%）略高。其中，本科院校2016届毕业生失业率（8.2%）比2015届（7.8%）和2014届（7.4%）略高；高职高专院校2016届毕业生失业率（8.5%）比2015届（8.8%）略低，与2014届（8.5%）持平。从近三届的趋势可以看出，大学生毕业半年后失业率呈现平稳态势。

图1-4-2是2016届高职高专毕业人数最多的100位专业中失业率最高的10个专业。可以看出，2016届高职高专失业率最高的专业为初等教育和语文教育（均为16.2%）。

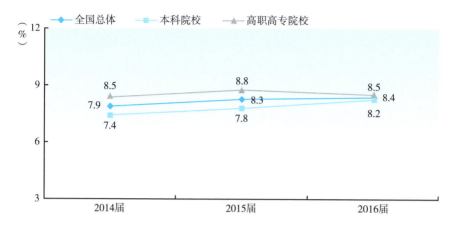

图 1 - 4 - 1　2014 ~ 2016 届大学生毕业半年后的失业率变化趋势

数据来源：麦可思 - 中国 2014 ~ 2016 届大学毕业生培养质量跟踪评价。

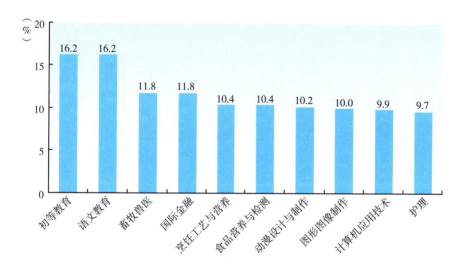

**图 1 - 4 - 2　2016 届高职高专毕业人数最多的 100 位
专业中失业率最高的 10 个专业**

数据来源：麦可思 - 中国 2016 届大学毕业生培养质量跟踪评价。

二 未就业人群分布

图 1 - 4 - 3 是 2016 届大学毕业生的未就业人群分布。可以看出，在 2016 届大学毕业生的未就业人群中，大多数毕业生还在继续找工作。本科院校处于未就业状态的毕业生（6.9%）中有 23% 为"待定族"（不求学不求职），高职高专院校处于未就业状态的毕业生（8.1%）中有 38% 为"待定族"。

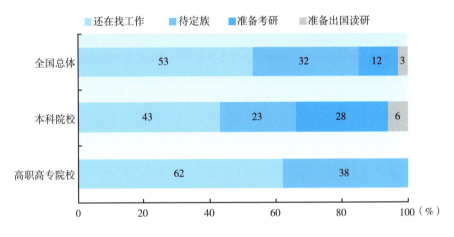

图 1 - 4 - 3 2016 届大学毕业生的未就业人群分布

数据来源：麦可思 - 中国 2016 届大学毕业生培养质量跟踪评价。

三 未就业人群打算

图 1 - 4 - 4 是 2016 届大学毕业生的"待定族"打算分布。可以看出，在 2016 届本科院校毕业半年后的"待定族"中，有 40% 的毕业生在准备公务员考试，有 9% 的毕业生准备创业。在高职高专院校毕业半年后的"待定族"中，有 17% 的毕业生准备创业，有 12% 的毕业生在准备公务员考试。

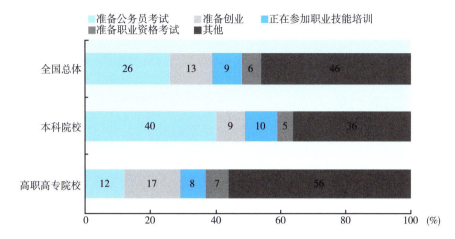

图 1－4－4 2016 届大学毕业生的"待定族"打算分布

数据来源：麦可思－中国 2016 届大学毕业生培养质量跟踪评价。

B.7

第五章

求职与招聘分析

一 期望薪酬

期望薪酬：根据毕业生所期待的月度薪酬区间段，取中位数代表其平均期望薪酬。

图1-5-1是大学毕业生的期望薪酬。可以看出，大学毕业生的期望薪酬为4211元，比毕业半年后实际月收入（2016届3988元）高223元。其中，本科毕业生的期望薪酬为4598元，高职高专毕业生的期望薪酬为3824元。

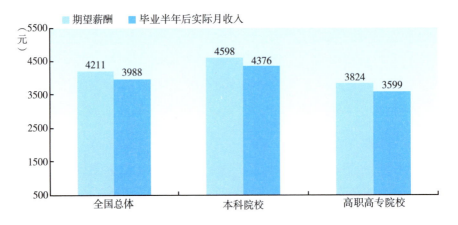

图1-5-1 2016届大学毕业生的期望薪酬

数据来源：中华英才网研究院数据报告；麦可思-中国2016届大学毕业生培养质量跟踪评价。

110

表1－5－1是高职高专各专业大类毕业生的期望薪酬。可以看出，在高职高专专业大类中，毕业生期望薪酬最高的是轻纺食品大类（4378元），最低的是环保、气象与安全大类（3022元）；半数专业大类毕业生的期望薪酬高于毕业半年后实际月收入。

表1－5－1　高职高专各专业大类毕业生的期望薪酬[*]

单位：元

高职高专专业大类名称	平均期望薪酬	毕业半年后实际月收入
轻纺食品大类	4378	3473
土建大类	4236	3489
文化教育大类	4070	3336
医药卫生大类	4056	3210
艺术设计传媒大类	3950	3662
农林牧渔大类	3847	3467
财经大类	3827	3485
旅游大类	3827	3462
交通运输大类	3749	3922
资源开发与测绘大类	3653	3823
电子信息大类	3611	3939
制造大类	3605	3860
生化与药品大类	3514	3590
材料与能源大类	3386	3670
公共事业大类	3300	3514
环保、气象与安全大类	3022	3644
全国高职高专	**3824**	**3599**

[*]个别专业大类因为样本较少，没有包括在内。
数据来源：中华英才网研究院数据报告；麦可思－中国2016届大学毕业生培养质量跟踪评价。

二　企业下载简历数量

企业下载简历数量：指毕业生简历被企业下载的次数，一个毕业生的简历可以被企业下载1次或多次。

图1－5－2是大学毕业生简历平均被企业下载的数量。可以看出，大学毕业生的简历平均被企业下载3.1次。其中，本科毕业生的简历平均被下载3.6次，高职高专毕业生的简历平均被下载2.5次。

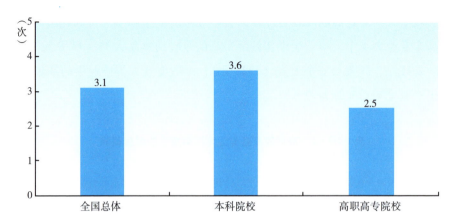

图1-5-2 大学毕业生简历平均被企业下载的数量

数据来源：中华英才网研究院数据报告。

表1-5-2是高职高专各专业大类毕业生简历平均被企业下载的数量。可以看出，在高职高专各专业大类中，毕业生简历平均被企业下载的数量最多的是电子信息大类、土建大类（均为2.9次），最少的是生化与药品大类、材料与能源大类（均为1.6次）。

表1-5-2 高职高专各专业大类毕业生简历平均被企业下载的数量*

单位：次

高职高专专业大类名称	平均企业下载简历数量	高职高专专业大类名称	平均企业下载简历数量
电子信息大类	2.9	交通运输大类	2.0
土建大类	2.9	农林牧渔大类	1.9
医药卫生大类	2.6	轻纺食品大类	1.9
制造大类	2.5	公共事业大类	1.8
艺术设计传媒大类	2.4	旅游大类	1.8
文化教育大类	2.4	环保、气象与安全大类	1.7
财经大类	2.2	材料与能源大类	1.6
资源开发与测绘大类	2.0	生化与药品大类	1.6
全国高职高专	**2.5**	**全国高职高专**	**2.5**

*个别专业大类因为样本较少，没有包括在内。

数据来源：中华英才网研究院数据报告。

分报告二
中期职业发展报告

B.8

第一章
职位晋升

一 职位晋升比例

（一）总体职位晋升比例

毕业三年后：麦可思于2017年对2013届大学毕业生进行了三年后跟踪评价（曾于2014年年初对这批大学毕业生进行过半年后跟踪评价），本报告涉及的三年内的变化分析即使用两次对同一批大学生的跟踪评价数据。

职位晋升：由已经工作的毕业生回答是否获得职位晋升以及获得晋升的次数。职位晋升是指享有比前一个职位更多的职权并承担更多的责任，由毕业生主观判断。这既包括不换雇主的内部提升，也包括通过更换雇主实现的晋升。

图2-1-1是2013届大学生毕业三年内平均获得职位晋升的比例。可以看出，2013届大学生毕业三年内有57%的人获得职位晋升，与2012届（56%）基本持平。其中，本科这一比例为54%，低于高职高专毕业生（60%），均与2012届（本科为53%，高职高专为59%）基本持平。

图2-1-1　2013届大学生毕业三年内平均获得职位晋升的比例
（与2012届三年内对比）

数据来源：麦可思-中国2012届、2013届大学毕业生三年后职业发展跟踪评价。

（二）各专业大类的职位晋升比例

表2-1-1是2013届高职高专各专业大类毕业生毕业三年内平均获得职位晋升的比例。可以看出，2013届高职高专旅游大类毕业生毕业三年内获得职位晋升的比例最高（68%），医药卫生大类最低（39%）。

（三）主要职业的职位晋升比例

表2-1-2是2013届高职高专主要职业类毕业生毕业三年内平均获得职位晋升的比例。可以看出，2013届高职高专从事"经营管理"职业类的毕业生毕业三年内获得职位晋升的比例最高（85%），从事"医疗保健/紧急救助"职业类的毕业生职位晋升的比例最低（32%）。

表 2 - 1 - 1　2013 届高职高专各专业大类毕业生毕业三年内平均获得职位晋升的比例*

单位：%

高职高专专业大类名称	获得职位晋升的比例	高职高专专业大类名称	获得职位晋升的比例
旅游大类	68	电子信息大类	60
农林牧渔大类	63	文化教育大类	59
轻纺食品大类	63	生化与药品大类	59
艺术设计传媒大类	63	土建大类	59
材料与能源大类	63	交通运输大类	57
制造大类	62	资源开发与测绘大类	53
财经大类	61	医药卫生大类	39
全国高职高专	**60**	**全国高职高专**	**60**

＊个别专业大类因为样本较少，没有包括在内。

数据来源：麦可思－中国 2013 届大学毕业生三年后职业发展跟踪评价。

表 2 - 1 - 2　2013 届高职高专主要职业类毕业生毕业三年内平均获得职位晋升的比例*

单位：%

高职高专职业类名称	获得职位晋升的比例	高职高专职业类名称	获得职位晋升的比例
经营管理	85	机动车机械/电子	62
房地产经营	74	电气/电子（不包括计算机）	62
人力资源	74	媒体/出版	61
高等教育/职业培训	73	工业安全与质量	61
餐饮/娱乐	72	建筑工程	60
金融（银行/基金/证券/期货/理财）	70	服装/纺织/皮革	56
表演艺术/影视	69	生物/化工	56
美术/设计/创意	69	财务/审计/税务/统计	54
酒店/旅游/会展	68	机械/仪器仪表	54
销售	68	计算机与数据处理	54
互联网开发及应用	67	社区工作者	54
农/林/牧/渔类	67	交通运输/邮电	53
幼儿与学前教育	66	中小学教育	52
电力/能源	65	行政/后勤	51
生产/运营	65	矿山/石油	45
物流/采购	64	公安/检察/法院/经济执法	34
保险	64	医疗保健/紧急救助	32
测绘	64		
全国高职高专	**60**	**全国高职高专**	**60**

＊个别职业类因为样本较少，没有包括在内。

数据来源：麦可思－中国 2013 届大学毕业生三年后职业发展跟踪评价。

（四）主要行业的职位晋升比例

表 2 - 1 - 3 是 2013 届高职高专主要行业类毕业生毕业三年内平均获得职位晋升的比例。可以看出，2013 届高职高专在"住宿和饮食业"就业的毕业生毕业三年内获得职位晋升的比例最高（74%），在"医疗和社会护理服务业"就业的毕业生职位晋升的比例最低（38%）。

表 2 - 1 - 3　2013 届高职高专主要行业类毕业生毕业三年内平均获得职位晋升的比例[*]

单位：%

高职高专行业类名称	获得职位晋升的比例	高职高专行业类名称	获得职位晋升的比例
住宿和饮食业	74	水电煤气公用事业	61
零售商业	69	各类专业设计与咨询服务业	61
金融(银行/保险/证券)业	69	建筑业	61
房地产开发销售租赁及其他租赁业	69	纺织皮革及成品加工业	60
邮递、物流及仓储业	68	化学品、化工、塑胶业	59
艺术、娱乐和休闲业	68	行政、商业和环境保护辅助业	59
食品、烟草、加工业	67	初级金属制造业	58
农业、林业、渔业和畜牧业	67	交通工具制造业	57
家具、医疗设备及其他制成品业	65	机械五金制造业	57
其他服务业(除行政服务)	65	运输业	53
媒体、信息及通信产业	64	矿业	43
批发商业	63	政府及公共管理	40
教育业	63	医疗和社会护理服务业	38
电子电气仪器设备及电脑制造业	62		
全国高职高专	**60**	**全国高职高专**	**60**

[*] 个别行业类因为样本较少，没有包括在内。

数据来源：麦可思 - 中国 2013 届大学毕业生三年后职业发展跟踪评价。

二　职位晋升次数

（一）总体职位晋升次数

职位晋升次数：由毕业生回答获得职位晋升的次数，计算公式的分子是三年内毕业生获得的职位晋升次数，没有获得职位晋升的人记为0次，分母是三年内就业和就业过的毕业生数。

图2-1-2是2013届大学生毕业三年内平均获得职位晋升的次数。可以看出，2013届大学生毕业三年内平均获得职位晋升0.9次，与2012届（0.9次）持平。其中，本科为0.8次，略低于高职高专毕业生（1.0次），均与2012届（本科为0.8次、高职高专为1.0次）持平。

图2-1-2　2013届大学生毕业三年内平均获得职位晋升的次数
（与2012届三年内对比）

数据来源：麦可思-中国2012届、2013届大学毕业生三年后职业发展跟踪评价。

图2-1-3是2013届高职高专生毕业三年内平均获得职位晋升的频度。可以看出，2013届高职高专生毕业三年内有31%获得过1次晋升，有10%获得过3次及以上的晋升。

（二）各专业大类的职位晋升次数

表2-1-4是2013届高职高专各专业大类毕业生毕业三年内平均获得职位晋升的次数。可以看出，2013届高职高专旅游大类、艺术设计传媒大类毕业生毕业三年内获得职位晋升的次数最多（均为1.2次），医药卫生大类毕业生毕业三年内获得职位晋升的次数最少（0.5次）。

**图 2 - 1 - 3　2013 届高职高专生毕业三年内平均获得职位
晋升的频度（与 2012 届三年内对比）**

数据来源：麦可思 - 中国 2012 届、2013 届大学毕业生三年后职业发展跟踪评价。

表 2 - 1 - 4　2013 届各专业大类毕业生毕业三年内平均获得职位晋升的次数*

单位：次

高职高专专业大类名称	获得职位晋升的次数	高职高专专业大类名称	获得职位晋升的次数
旅游大类	1.2	财经大类	1.0
艺术设计传媒大类	1.2	制造大类	1.0
电子信息大类	1.1	生化与药品大类	1.0
农林牧渔大类	1.1	文化教育大类	1.0
材料与能源大类	1.1	交通运输大类	0.9
轻纺食品大类	1.1	资源开发与测绘大类	0.7
土建大类	1.1	医药卫生大类	0.5
全国高职高专	**1.0**	**全国高职高专**	**1.0**

*个别专业大类因为样本较少，没有包括在内。

数据来源：麦可思 - 中国 2013 届大学毕业生三年后职业发展跟踪评价。

（三）主要职业的职位晋升次数

表 2 – 1 – 5 是 2013 届高职高专主要职业类毕业生毕业三年内平均获得职位晋升的次数。可以看出，2013 届高职高专从事"经营管理"职业类的毕业生毕业三年内获得职位晋升的次数最多（2.0 次），从事"公安/检察/法院/经济执法"、"医疗保健/紧急救助"职业类的毕业生职位晋升次数最少（均为 0.5 次）。

表 2 – 1 – 5　2013 届高职高专主要职业类毕业生毕业三年内平均获得职位晋升的次数[*]

单位：次

高职高专职业类名称	获得职位晋升的次数	高职高专职业类名称	获得职位晋升的次数
经营管理	2.0	测绘	1.0
房地产经营	1.5	电气/电子（不包括计算机）	1.0
餐饮/娱乐	1.5	媒体/出版	1.0
表演艺术/影视	1.4	机动车机械/电子	1.0
人力资源	1.4	工业安全与质量	1.0
高等教育/职业培训	1.4	服装/纺织/皮革	1.0
金融（银行/基金/证券/期货/理财）	1.3	机械/仪器仪表	0.9
互联网开发及应用	1.3	财务/审计/税务/统计	0.9
酒店/旅游/会展	1.3	计算机与数据处理	0.8
销售	1.3	行政/后勤	0.8
美术/设计/创意	1.2	生物/化工	0.8
物流/采购	1.1	中小学教育	0.8
农/林/牧/渔类	1.1	交通运输/邮电	0.7
保险	1.1	社区工作者	0.7
电力/能源	1.1	矿山/石油	0.6
生产/运营	1.1	公安/检察/法院/经济执法	0.5
幼儿与学前教育	1.1	医疗保健/紧急救助	0.5
建筑工程	1.0		
全国高职高专	**1.0**	**全国高职高专**	**1.0**

　＊个别职业类因为样本较少，没有包括在内。

　数据来源：麦可思 – 中国 2013 届大学毕业生三年后职业发展跟踪评价。

（四）主要行业的职位晋升次数

表 2 - 1 - 6 是 2013 届高职高专主要行业类毕业生毕业三年内平均获得职位晋升的次数。可以看出，2013 届高职高专在"住宿和饮食业"就业的毕业生获得职位晋升的次数最多（1.5 次），在"医疗和社会护理服务业"、"政府及公共管理"就业的毕业生获得职位晋升的次数最少（均为 0.6 次）。

表 2 - 1 - 6　2013 届高职高专主要行业类毕业生毕业三年内平均获得职位晋升的次数 *

单位：次

高职高专行业类名称	获得职位晋升的次数	高职高专行业类名称	获得职位晋升的次数
住宿和饮食业	1.5	其他服务业（除行政服务）	1.1
艺术、娱乐和休闲业	1.3	教育业	1.0
房地产开发销售租赁及其他租赁业	1.3	电子电气仪器设备及电脑制造业	1.0
金融（银行/保险/证券）业	1.3	机械五金制造业	1.0
邮递、物流及仓储业	1.2	行政、商业和环境保护辅助业	1.0
零售商业	1.2	纺织皮革及成品加工业	1.0
媒体、信息及通信产业	1.2	水电煤气公用事业	1.0
农业、林业、渔业和畜牧业	1.2	初级金属制造业	0.9
食品、烟草、加工业	1.2	化学品、化工、塑胶业	0.9
家具、医疗设备及其他制成品业	1.1	交通工具制造业	0.9
批发商业	1.1	运输业	0.7
各类专业设计与咨询服务业	1.1	矿业	0.7
木品和纸品业	1.1	医疗和社会护理服务业	0.6
建筑业	1.1	政府及公共管理	0.6
全国高职高专	**1.0**	**全国高职高专**	**1.0**

* 个别行业类因为样本较少，没有包括在内。

数据来源：麦可思 - 中国 2013 届大学毕业生三年后职业发展跟踪评价。

三　职位晋升的类型

图 2 - 1 - 4 是 2013 届高职高专毕业生职位晋升的类型。可以看出，2013 届高职高专毕业生职位晋升的类型主要是薪资的增加（72%）、工作职责的增加（67%）。

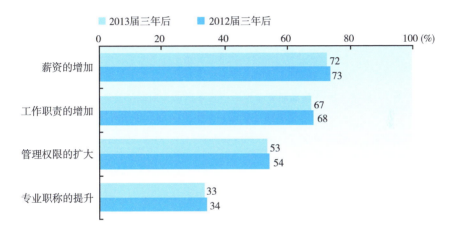

图 2 - 1 - 4　2013 届高职高专生毕业三年后职位晋升的类型
（多选）（与 2012 届三年后对比）

数据来源：麦可思 - 中国 2012 届、2013 届大学毕业生三年后职业发展跟踪评价。

四　对职位晋升有帮助的大学活动

图 2 - 1 - 5 是 2013 届高职高专生毕业三年后认为对职位晋升有帮助的大学活动。可以看出，2013 届高职高专毕业生认为对职位晋升有帮助的大学活动主要是扩大社会人脉关系（35%），其后是假期实习/课外兼职（33%）、课外自学的知识和技能（含培训）（32%）、课堂上所学的知识和技能（27%）等。

121

图 2 – 1 –5　2013 届高职高专生毕业三年后认为对职位晋升有帮助的
大学活动（多选）（与 2012 届三年后对比）

数据来源：麦可思 – 中国 2012 届、2013 届大学毕业生三年后职业发展跟踪评价。

一 总体月收入与涨幅

月收入增长 = 毕业三年后的月收入 – 毕业半年后的月收入。

月收入涨幅 = 月收入增长/毕业半年后的月收入。

图 2 – 2 – 1 是 2013 届大学生毕业三年后的月收入。可以看出，2013 届大学生毕业三年后平均月收入为 5989 元（本科为 6667 元，高职高专为 5312 元）。2013 届毕业生毕业半年后的月收入为 3250 元（本科为 3560 元，高职高专为 2940 元），三年来月收入增长 2739 元，涨幅为 84%。其中，本科增长 3107 元，涨幅为 87%；高职高专增长 2372 元，涨幅为 81%。

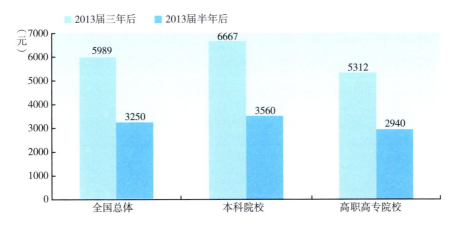

图 2 – 2 – 1 2013 届大学生毕业三年后的月收入（与 2013 届半年后对比）

数据来源：麦可思 – 中国 2013 届大学毕业生三年后职业发展跟踪评价，2013 届大学毕业生半年后培养质量跟踪评价。

图 2 - 2 - 2 2013 届大学生毕业三年后的月收入（与 2012 届三年后对比）

数据来源：麦可思 - 中国 2012 届、2013 届大学毕业生三年后职业发展跟踪评价。

图 2 - 2 - 3 是 2013 届高职高专生毕业三年后的月收入分布。可以看出，2013 届高职高专生毕业三年后有 8.3% 的人月收入在 10000 元及以上，有 10.7% 的人月收入在 3000 元以下。

图 2 - 2 - 3 2013 届高职高专生毕业三年后的月收入分布
（与 2012 届三年后对比）

数据来源：麦可思 - 中国 2012 届、2013 届大学毕业生三年后职业发展跟踪评价。

图 2 – 2 – 4 是 2013 届大学生毕业三年后学历提升人群的比例。可以看出，2013 届本科生毕业三年后学历提升为硕士的比例为 17.1%，高职高专生毕业三年后学历提升为本科的比例为 30.1%。

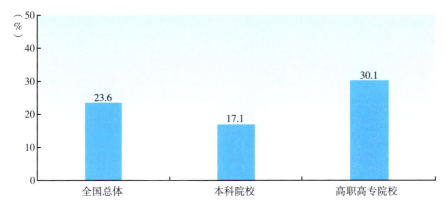

图 2 – 2 – 4　2013 届大学生毕业三年后学历提升人群的比例

数据来源：麦可思 – 中国 2013 届大学毕业生三年后职业发展跟踪评价，2013 届大学毕业生半年后培养质量跟踪评价。

图 2 – 2 – 5 是 2013 届大学生毕业三年后学历提升人群和学历未提升人群的月收入对比。可以看出，2013 届大学毕业生在毕业三年后学历提升人群的月收入为 5791 元，略低于学历一直未提升人群的月收入（6055 元）。其中，本科毕业三年后学历为硕士人群的月收入为 6445 元，学历仍然为本科人群的月收入为 6713 元；高职高专毕业三年后学历为本科人群的月收入为 5137 元，学历仍然为高职高专人群的月收入为 5396 元。提升学历人群可能因毕业时间短还不能体现学历提升带来的更大的教育回报。

二　主要专业的月收入与涨幅

表 2 – 2 – 1 是 2013 届各专业大类高职高专生毕业三年后的月收入及增长。2013 届高职高专专业大类中毕业三年后月收入最高的是电子信息大类，为 6075 元，高出该专业大类毕业半年后月收入（3066 元）3009 元；三年后月收入最低的是医药卫生大类，为 4864 元，高出该专业大类毕业半年后月收入（2519 元）2345 元。

125

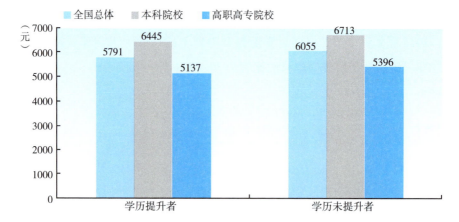

图 2 - 2 - 5 2013 届大学生毕业三年后学历提升人群和学历
未提升人群的月收入对比

数据来源：麦可思 - 中国 2013 届大学毕业生三年后职业发展跟踪评价，2013 届大学毕业生半年后培养质量跟踪评价。

表 2 - 2 - 1 2013 届各专业大类高职高专生毕业三年后的月收入及增长 *

单位：元

高职高专专业大类名称	毕业三年后的平均月收入	毕业半年后的平均月收入	月收入增长
电子信息大类	6075	3066	3009
交通运输大类	6041	3167	2874
材料与能源大类	5655	3045	2610
制造大类	5632	3156	2476
土建大类	5630	2935	2695
艺术设计传媒大类	5630	2790	2840
轻纺食品大类	5394	2827	2567
财经大类	5158	2811	2347
旅游大类	5137	2792	2345
生化与药品大类	5134	2988	2146
资源开发与测绘大类	5130	3045	2085
农林牧渔大类	5125	2794	2331
文化教育大类	4866	2793	2073
医药卫生大类	4864	2519	2345
全国高职高专	**5312**	**2940**	**2372**

*个别专业大类因为样本较少，没有包括在内。

数据来源：麦可思 - 中国 2013 届大学毕业生三年后职业发展跟踪评价，2013 届大学毕业生半年后培养质量跟踪评价。

表 2 – 2 – 2　2013 届主要专业类高职高专生毕业三年后的月收入及增长*

单位：元

高职高专专业类名称	毕业三年后的平均月收入	毕业半年后的平均月收入	月收入增长
计算机类	6376	3078	3298
艺术设计类	6019	2906	3113
通信类	5991	3114	2877
建筑设计类	5954	2867	3087
公路运输类	5934	3199	2735
电子信息类	5925	3147	2778
土建施工类	5893	3182	2711
财政金融类	5837	3078	2759
房地产类	5823	3005	2818
机械设计制造类	5823	3173	2650
市场营销类	5784	3097	2687
汽车类	5653	3116	2537
自动化类	5572	3147	2425
电力技术类	5555	3053	2502
建筑设备类	5532	3009	2523
畜牧兽医类	5532	3083	2449
经济贸易类	5531	2916	2615
工商管理类	5484	2945	2539
测绘类	5425	3095	2330
广播影视类	5416	2815	2601
工程管理类	5393	2887	2506
材料类	5382	3048	2334
公共管理类	5304	2674	2630
纺织服装类	5297	2880	2417
港口运输类	5282	3101	2181
旅游管理类	5276	2774	2502
机电设备类	5257	3350	1907
医学技术类	5227	2773	2454
护理类	5188	2499	2689
化工技术类	5187	3129	2058
语言文化类	5131	2877	2254
制药技术类	5024	2774	2250

续表

高职高专 专业类名称	毕业三年后 的平均月收入	毕业半年后 的平均月收入	月收入增长
林业技术类	4798	2870	1928
环保类	4747	2767	1980
临床医学类	4676	2491	2185
药学类	4638	2412	2226
食品类	4608	2742	1866
财务会计类	4522	2587	1935
教育类	4194	2713	1481
全国高职高专	**5312**	**2940**	**2372**

*个别专业类因为样本较少，没有包括在内。

数据来源：麦可思 - 中国2013届大学毕业生三年后职业发展跟踪评价，2013届大学毕业生半年后培养质量跟踪评价。

三 主要职业的月收入与涨幅

表2 - 2 - 3是2013届高职高专生毕业三年后从事的主要职业类的月收入及增长。2013届高职高专生毕业三年后从事"经营管理"职业类的月收入最高，为7133元，高出半年后从事该职业类的高职高专毕业生月收入（3185元）3948元，涨幅为124%；三年后月收入最低的是从事"社区工作者"职业类的高职高专毕业生，为3975元，高出半年后从事该职业类的高职高专毕业生月收入（2401元）1574元。

表2 - 2 - 3　2013届高职高专生毕业三年后从事的主要职业类的月收入及增长*

单位：元

高职高专职业类名称	毕业三年后 的平均月收入	毕业半年后 的平均月收入	月收入增长
经营管理	7133	3185	3948
房地产经营	7078	3257	3821
金融(银行/基金/证券/期货/理财)	6899	3268	3631
互联网开发及应用	6852	3214	3638

续表

高职高专职业类名称	毕业三年后的平均月收入	毕业半年后的平均月收入	月收入增长
计算机与数据处理	6564	3015	3549
销售	6276	3267	3009
美术/设计/创意	5981	2837	3144
交通运输/邮电	5973	3223	2750
测绘	5879	3012	2867
餐饮/娱乐	5751	2861	2890
建筑工程	5623	3064	2559
媒体/出版	5570	2727	2843
电力/能源	5484	3166	2318
生产/运营	5458	3218	2240
保险	5415	3119	2296
矿山/石油	5402	3565	1837
机动车机械/电子	5309	2900	2409
酒店/旅游/会展	5284	2709	2575
电气/电子(不包括计算机)	5279	3294	1985
机械/仪器仪表	5251	3060	2191
工业安全与质量	5123	3140	1983
公安/检察/法院/经济执法	5057	2961	2096
高等教育/职业培训	5028	2683	2345
农/林/牧/渔类	4990	2989	2001
物流/采购	4982	2914	2068
医疗保健/紧急救助	4970	2508	2462
生物/化工	4802	2996	1806
人力资源	4724	2784	1940
财务/审计/税务/统计	4279	2566	1713
中小学教育	4241	2365	1876
行政/后勤	4044	2586	1458
幼儿与学前教育	4007	2460	1547
社区工作者	3975	2401	1574
全国高职高专	**5312**	**2940**	**2372**

＊个别职业类因为样本较少，没有包括在内。

数据来源：麦可思－中国2013届大学毕业生三年后职业发展跟踪评价，2013届大学毕业生半年后培养质量跟踪评价。

四 主要行业的月收入与涨幅

表2-2-4是2013届高职高专生毕业三年后在主要行业类的月收入及增长。2013届高职高专生毕业三年后在"金融（银行/保险/证券）业"就业的毕业生月收入最高，为6738元，高出半年后在该行业类就业的毕业生月收入（3238元）3500元；三年后月收入最低的是就业于"政府及公共管理"类的高职高专毕业生，为4309元，高出半年后在该行业类就业的毕业生月收入（2815元）1494元。

表2-2-4 2013届高职高专生毕业三年后在主要行业类的月收入及增长*

单位：元

高职高专行业类名称	毕业三年后的平均月收入	毕业半年后的平均月收入	月收入增长
金融(银行/保险/证券)业	6738	3238	3500
媒体、信息及通信产业	6486	3083	3403
房地产开发销售租赁及其他租赁业	6216	3069	3147
运输业	5933	3200	2733
艺术、娱乐和休闲业	5919	3099	2820
交通工具制造业	5713	3131	2582
家具、医疗设备及其他制成品业	5710	2972	2738
各类专业设计与咨询服务业	5639	2763	2876
批发商业	5601	2879	2722
建筑业	5561	3011	2550
水电煤气公用事业	5409	2911	2498
零售商业	5326	2874	2452
电子电气仪器设备及电脑制造业	5265	3211	2054
矿业	5241	3322	1919
食品、烟草、加工业	5231	2894	2337
纺织皮革及成品加工业	5226	2910	2316
住宿和饮食业	5173	2698	2475
机械五金制造业	5063	2938	2125
农业、林业、渔业和畜牧业	5038	2972	2066
医疗和社会护理服务业	5024	2561	2463
邮递、物流及仓储业	4945	2944	2001
其他服务业(除行政服务)	4844	2743	2101

续表

高职高专行业类名称	毕业三年后的平均月收入	毕业半年后的平均月收入	月收入增长
化学品、化工、塑胶业	4711	3034	1677
教育业	4607	2607	2000
初级金属制造业	4560	3030	1530
行政、商业和环境保护辅助业	4346	2688	1658
政府及公共管理	4309	2815	1494
全国高职高专	**5312**	**2940**	**2372**

﹡个别行业类因为样本较少，没有包括在内。

数据来源：麦可思－中国 2013 届大学毕业生三年后职业发展跟踪评价，2013 届大学毕业生半年后培养质量跟踪评价。

五 各用人单位的月收入与涨幅

图 2－2－6 是 2013 届高职高专生毕业三年后在各类型用人单位

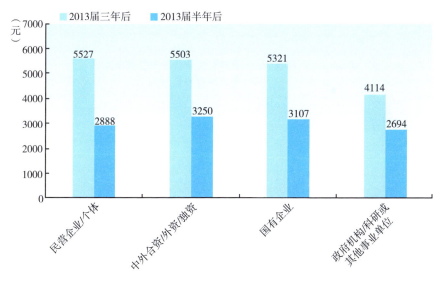

图 2－2－6 2013 届高职高专生毕业三年后在各类型用人单位的月收入﹡

﹡非政府或非营利组织（NGO 等）用人单位因为样本较少，没有包括在内。

数据来源：麦可思－中国 2013 届大学毕业生三年后职业发展跟踪评价，2013 届大学毕业生半年后培养质量跟踪评价。

就业的月收入。可以看出，2013届高职高专生毕业三年后在"民营企业/个体"就业的月收入最高（5527元），月收入涨幅也最大，为91%。

图2-2-7是2013届高职高专生毕业三年后在各规模用人单位的月收入。可以看出，2013届高职高专生毕业三年后在3000人以上规模的大型用人单位就业的三年后月收入最高（5918元）。

图2-2-7 2013届高职高专生毕业三年后在各规模用人单位的月收入

数据来源：麦可思-中国2013届大学毕业生三年后职业发展跟踪评价，2013届大学毕业生半年后培养质量跟踪评价。

六 各经济区域的月收入与涨幅

图2-2-8是2013届高职高专生毕业三年后在各经济区域就业的月收入。可以看出，2013届高职高专生毕业三年后在泛长江三角洲区域经济体就业的月收入最高（5898元），增长2806元，涨幅为91%；在东北区域经济体就业的高职高专生毕业三年后月收入最低（4722元），增长2119元，涨幅为81%。

图 2－2－8　2013 届高职高专生毕业三年后在各经济
区域就业的月收入 *

＊西部生态经济区因为样本较少，没有包括在内。

数据来源：麦可思－中国 2013 届大学毕业生三年后职业发展跟踪评价，2013 届大学毕业生半年后培养质量跟踪评价。

B.10
第三章
职业变迁

一 去向分布

图 2-3-1 是 2013 届大学生毕业三年后的就业去向分布。可以看出，2013 届大学生毕业三年后有 86.1% 受雇全职工作（本科为 87.2%，高职高专为 85.1%），5.9% 的人自主创业（本科为 3.8%，高职高专为 8.0%），3.4% 的人正在读研（本科为 6.1%，高职高专为 0.6%），2.0% 的人"无工作，继续寻找工作"（本科为 1.5%，高职高专为 2.6%），还有 2.4% 的人无工作，且既没有求职也没有求学（本科为 1.4%，高职高专为 3.4%），有 0.3% 的高职高专毕业生正在读本科。

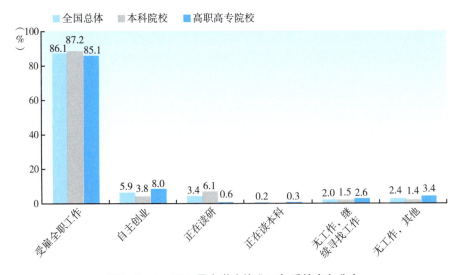

图 2-3-1 2013 届大学生毕业三年后的去向分布

数据来源：麦可思-中国 2013 届大学毕业生三年后职业发展跟踪评价。

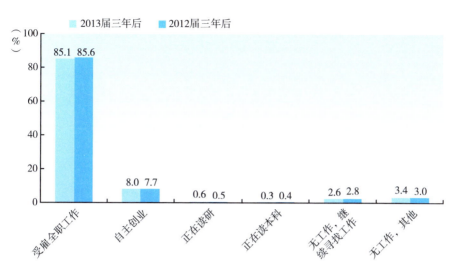

图2-3-2 2013届高职高专生毕业三年后的去向分布
（与2012届三年后对比）

数据来源：麦可思-中国2012届、2013届大学毕业生三年后职业发展跟踪评价。

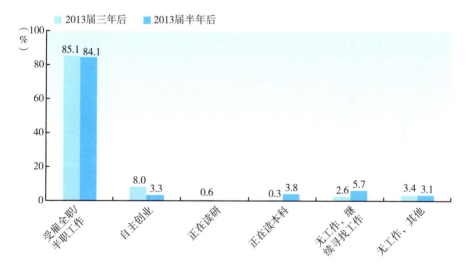

图2-3-3 2013届高职高专生毕业三年后的去向分布
（与2013届半年后对比）

数据来源：麦可思-中国2013届大学毕业生三年后职业发展跟踪评价，2013届大学生毕业半年后社会需求与培养质量跟踪评价。

二 职业转换

职业转换：职业转换是指毕业生在毕业半年后从事某种职业，毕业三年后由原职业转换到不同的职业。转换职业通常在工作单位内部完成的并不代表离职；反过来讲，更换雇主可能也不代表转换职业。

职业转换率：职业转换率是指有多大比例的毕业生在毕业三年内转换了职业。其计算方法为：分母是毕业半年后有工作的毕业生数，分子是毕业三年后从事的职业与半年后从事的职业不同的毕业生数。

图2–3–4是2013届大学生毕业三年内的职业转换率。可以看出，有40%的2013届大学生毕业三年内转换了职业（本科为31%，高职高专为49%），与2012届三年内该指标（40%）持平。

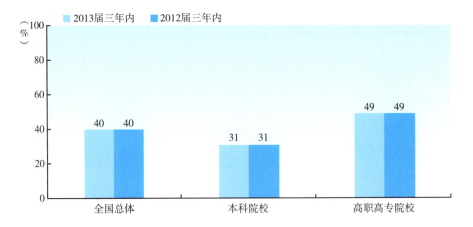

图2–3–4 2013届大学生毕业三年内的职业转换率
（与2012届三年内对比）

数据来源：麦可思–中国2012届、2013届大学毕业生三年后职业发展跟踪评价，2012届、2013届大学毕业生半年后培养质量跟踪评价。

表2–3–1是2013届各专业大类高职高专生毕业三年内的职业转换率。可以看出，在2013届高职高专主要专业大类中，旅游大类的毕业生三年内

的职业转换率最高（62%），其次是制造大类（58%）；医药卫生大类的职业转换率最低（29%）。

表 2 – 3 – 1　2013 届各专业大类高职高专生毕业三年内的职业转换率

（与 2012 届三年内对比）*

单位：%

高职高专专业大类名称	2013 届三年内职业转换率	2012 届三年内职业转换率
旅游大类	62	67
制造大类	58	56
农林牧渔大类	56	61
电子信息大类	55	50
艺术设计传媒大类	54	51
生化与药品大类	52	49
土建大类	50	47
轻纺食品大类	49	52
财经大类	48	49
文化教育大类	45	47
资源开发与测绘大类	42	47
交通运输大类	39	35
材料与能源大类	34	33
医药卫生大类	29	29
全国高职高专	**49**	**49**

*个别专业大类因为样本较少，没有包括在内。

数据来源：麦可思 – 中国 2012 届、2013 届大学毕业生三年后职业发展跟踪评价，2012 届、2013 届大学毕业生半年后培养质量跟踪评价。

图 2 – 3 – 5 和图 2 – 3 – 6 分别是 2013 届高职高专生毕业三年内职业转换率最高/最低的前五位专业类。可以看出，2013 届高职高专生毕业三年内职业转换率最高的专业类是市场营销类和旅游管理类（均为 62%）；最低的是护理类（25%）。

图 2 – 3 – 7 是 2013 届高职高专生毕业三年内转换职业中被转入最多的前十位职业类。可以看出，在 2013 届高职高专生毕业三年内转换过的职业类中，被转入最多的职业是"销售"（11.8%），其次是"建筑工程"（9.0%）。

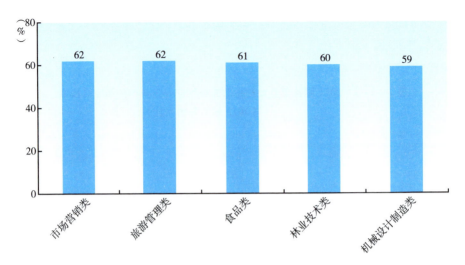

**图2-3-5 2013届高职高专生毕业三年内职业转换率
最高的前五位专业类***

*毕业生规模过小的专业类不包括在此排序中。

数据来源：麦可思－中国2013届大学毕业生三年后职业发展跟踪评价，2013届大学毕业生半年后培养质量跟踪评价。

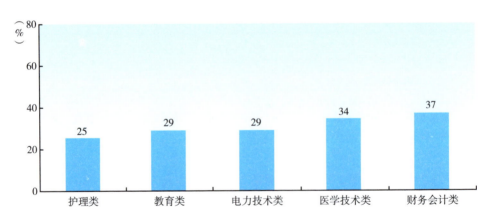

**图2-3-6 2013届高职高专生毕业三年内职业转换率
最低的前五位专业类***

*毕业生规模过小的专业类不包括在此排序中。

数据来源：麦可思－中国2013届大学毕业生三年后职业发展跟踪评价，2013届大学毕业生半年后培养质量跟踪评价。

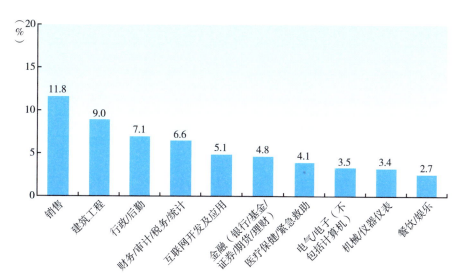

图 2–3–7　2013 届高职高专生毕业三年内转换职业中
被转入最多的前十位职业类*

*毕业生规模过小的职业类不包括在此排序中。

数据来源：麦可思 – 中国 2013 届大学毕业生三年后职业发展跟踪评价，2013 届大学毕业生半年后培养质量跟踪评价。

三　行业转换

行业转换率：行业转换是指毕业生在毕业半年后就业于某行业（小类），而毕业三年后进入不同的行业就业。行业转换率是指有多大比例的毕业生在毕业三年内转换了行业。其计算方法为：分母是毕业半年后有工作的毕业生数，分子是毕业三年后所在行业与半年后所在行业不同的毕业生数。

图 2–3–8 是 2013 届大学生毕业三年内的行业转换率。可以看出，有 44% 的 2013 届大学生在毕业三年内转换了行业（本科为 36%，高职高专为 52%），比 2012 届三年内该指标（46%）略低。

表 2–3–2 是 2013 届各专业大类高职高专生毕业三年内的行业转换率。可以看出，在 2013 届高职高专主要专业大类中，旅游大类的毕业生三年内的行业转换率最高（63%），医药卫生大类的行业转换率最低（28%）。

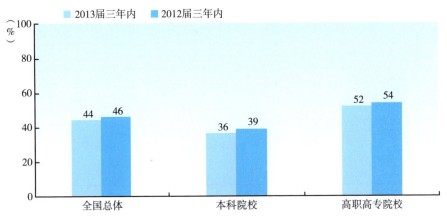

图 2 - 3 - 8　2013 届大学生毕业三年内的行业转换率
（与 2012 届三年内对比）

数据来源：麦可思 - 中国 2012 届、2013 届大学毕业生三年后职业发展跟踪评价，2012
届、2013 届大学毕业生半年后培养质量跟踪评价。

表 2 - 3 - 2　2013 届各专业大类高职高专生毕业三年内的行业转换率
（与 2012 届三年内对比）*

单位：%

高职高专专业大类名称	2013 届三年内行业转换率	2012 届三年内行业转换率
旅游大类	63	65
电子信息大类	61	58
艺术设计传媒大类	59	60
财经大类	59	59
轻纺食品大类	53	55
制造大类	53	55
农林牧渔大类	52	56
土建大类	49	50
生化与药品大类	49	48
文化教育大类	46	50
资源开发与测绘大类	40	44
交通运输大类	35	37

续表

高职高专专业大类名称	2013届三年内行业转换率	2012届三年内行业转换率
材料与能源大类	30	30
医药卫生大类	28	29
全国高职高专	52	54

＊个别专业大类因为样本较少，没有包括在内。

数据来源：麦可思－中国2012届、2013届大学毕业生三年后职业发展跟踪评价，2012届、2013届大学毕业生半年后培养质量跟踪评价。

图2－3－9和图2－3－10分别是2013届高职高专生毕业三年内行业转换率最高/最低的前五位行业类。可以看出，2013届高职高专生毕业三年内行业转换率最高的行业类是"批发商业"（75%），最低的是"水电煤气公用事业"（29%）。

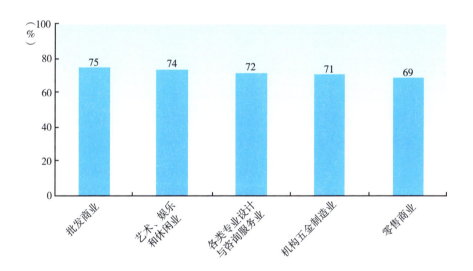

图2－3－9 2013届高职高专生毕业三年内行业转换率
最高的前五位行业类＊

＊毕业生规模过小的行业类不包括在此排序中。

数据来源：麦可思－中国2013届大学毕业生三年后职业发展跟踪评价，2013届大学毕业生半年后培养质量跟踪评价。

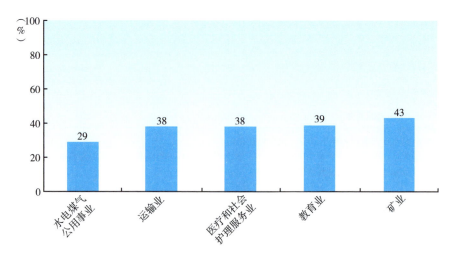

图 2 – 3 – 10　2013 届高职高专生毕业三年内行业转换率
最低的前五位行业类*

　*毕业生规模过小的行业类不包括在此排序中。
　数据来源：麦可思 – 中国 2013 届大学毕业生三年后职业发展跟踪评价，2013 届大学毕业生半年后培养质量跟踪评价。

　　图 2 – 3 – 11 是 2013 届高职高专生毕业三年内转换行业中被转入最多的前五位行业类。可以看出，2013 届高职高专生毕业三年内转换行业中被转入最多的行业类是"建筑业"（9.7%），其次为"零售商业"（8.4%）、"金融（银行/保险/证券）业"（8.3%）。

四　工作与专业相关度

　　图 2 – 3 – 12 和图 2 – 3 – 13 分别是 2013 届大学生毕业三年后的工作与专业相关度。可以看出，2013 届大学生毕业三年后工作与专业相关度为61%，比 2013 届半年后（66%）低 5 个百分点，与 2012 届三年后（61%）持平。其中，本科三年后工作与专业相关度为 66%，比半年后（69%）低 3 个百分点；高职高专三年后工作与专业相关度为 56%，比半年后（62%）低 6 个百分点。

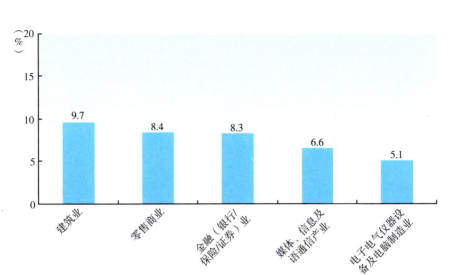

图 2－3－11　2013 届高职高专生毕业三年内转换行业中
被转入最多的前五位行业类*

＊毕业生规模过小的行业类不包括在此排序中。

数据来源：麦可思－中国 2013 届大学毕业生三年后职业发展跟踪评价，2013 届大学毕业生半年后培养质量跟踪评价。

图 2－3－12　2013 届大学生毕业三年后的工作与专业相关度
（与 2013 届半年后对比）

数据来源：麦可思－中国 2013 届大学毕业生三年后职业发展跟踪评价，2013 届大学毕业生半年后培养质量跟踪评价。

图 2 - 3 - 13　2013 届大学生毕业三年后的工作与专业相关度
（与 2012 届三年后对比）

数据来源：麦可思－中国 2012 届、2013 届大学毕业生三年后职业发展跟踪评价。

　　表 2 - 3 - 3 是 2013 届高职高专各专业大类毕业生毕业三年后的工作与专业相关度变化。可以看出，在高职高专专业大类中，三年后工作与专业相关度最高的是医药卫生大类（88%），最低的是旅游大类（34%）；其中旅游大类工作与专业相关度三年内下降最多，下降了 16 个百分点，其次是轻纺食品大类和材料与能源大类，均下降了 10 个百分点。

表 2 - 3 - 3　2013 届高职高专各专业大类毕业生毕业三年后的工作与专业相关度变化
**（与 2012 届三年后对比）* **

单位：%

高职高专 专业大类名称	2013 届毕业三年后的 专业相关度	2013 届毕业半年后的 专业相关度	2012 届毕业三年后的 专业相关度
医药卫生大类	88	87	86
土建大类	73	81	76
材料与能源大类	68	78	71
资源开发与测绘大类	62	65	—
交通运输大类	61	69	64
生化与药品大类	59	60	64

续表

高职高专 专业大类名称	2013届毕业三年后的 专业相关度	2013届毕业半年后的 专业相关度	2012届毕业三年后的 专业相关度
文化教育大类	55	58	56
艺术设计传媒大类	55	58	51
财经大类	54	62	54
农林牧渔大类	52	60	53
制造大类	49	58	52
轻纺食品大类	44	54	42
电子信息大类	44	50	47
旅游大类	34	50	36
全国高职高专	**56**	**62**	**56**

＊个别专业大类因为样本较少，没有包括在内。

数据来源：麦可思－中国2012届、2013届大学毕业生三年后职业发展跟踪评价，2013届大学毕业生半年后培养质量跟踪评价。

五　雇主数

（一）平均雇主数

雇主数：指毕业生从第一份工作到三年后的调查时点，一共为多少个雇主工作过。雇主数越多，则工作转换得越频繁；雇主数可以代表毕业生工作稳定的程度。

图2－3－14是2013届大学生毕业三年内的平均雇主数。可以看出，2013届大学毕业生毕业三年内平均为2.2个雇主工作过，与2012届（2.2个）持平。其中本科毕业生的平均雇主数为1.9个，低于高职高专毕业生的平均雇主数（2.4个）。

表2－3－4是2013届高职高专主要专业类毕业生毕业三年内的平均雇主数。可以看出，2013届高职高专广播影视类和艺术设计类毕业生毕业三年内平均雇主数最多（均为2.7个），护理类和电力技术类毕业生平均雇主数最少（均为1.8个）。

图 2-3-14   2013 届大学生毕业三年内的平均雇主数
（与 2012 届三年内对比）

数据来源：麦可思-中国 2012 届、2013 届大学毕业生三年后职业发展跟踪评价。

表 2-3-4   2013 届高职高专主要专业类毕业生毕业三年内的平均雇主数[*]

单位：个

高职高专专业类名称	毕业三年内平均雇主数	高职高专专业类名称	毕业三年内平均雇主数
广播影视类	2.7	语言文化类	2.4
艺术设计类	2.7	房地产类	2.4
计算机类	2.6	电子信息类	2.4
建筑设计类	2.6	工程管理类	2.4
通信类	2.5	材料类	2.4
土建施工类	2.5	自动化类	2.4
财政金融类	2.5	食品类	2.4
旅游管理类	2.5	工商管理类	2.4
市场营销类	2.5	财务会计类	2.4
制药技术类	2.5	环保类	2.4
纺织服装类	2.5	建筑设备类	2.3
经济贸易类	2.5	港口运输类	2.3
汽车类	2.5	测绘类	2.3
林业技术类	2.5	畜牧兽医类	2.3
机电设备类	2.5	公路运输类	2.3
机械设计制造类	2.5	公共管理类	2.2

续表

高职高专专业类名称	毕业三年内平均雇主数	高职高专专业类名称	毕业三年内平均雇主数
化工技术类	2.2	临床医学类	2.0
医学技术类	2.2	电力技术类	1.8
药学类	2.2	护理类	1.8
教育类	2.1		
全国高职高专	**2.4**	**全国高职高专**	**2.4**

＊个别专业类因为样本较少，没有包括在内。

数据来源：麦可思－中国2013届大学毕业生三年后职业发展跟踪评价。

（二）雇主数频度

图2－3－15是2013届高职高专生毕业三年内工作过的雇主数频度。可以看出，高职高专毕业生更换雇主较频繁，仅有25%的高职高专毕业生三年内一直为1个雇主工作，而雇主数为4个及以上的高职高专毕业生占了14%。

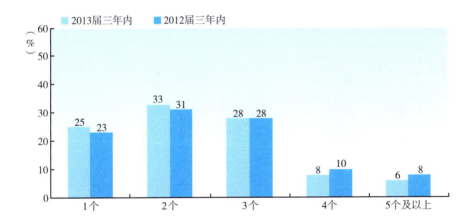

图2－3－15　2013届高职高专生毕业三年内工作过的雇主数频度
（与2012届三年内对比）

数据来源：麦可思－中国2012届、2013届大学毕业生三年后职业发展跟踪评价。

147

B.11

第四章
就业满意度

一　总体就业满意度

图 2 - 4 - 1 是 2013 届大学生毕业三年后的就业满意度。可以看出，2013 届大学生毕业三年后的就业满意度为 63%，即在就业的毕业生中，有63% 对自己的就业现状表示满意（本科为 65%，高职高专为 60%），比2012 届该指标（57%）增长了 6 个百分点。

图 2 - 4 - 1　2013 届大学生毕业三年后的就业满意度
（与 2012 届三年后对比）

数据来源：麦可思 - 中国 2012 届、2013 届大学毕业生三年后职业发展跟踪评价。

二 主要专业的就业满意度

表 2－4－1 是 2013 届高职高专各专业大类毕业生毕业三年后的就业满意度。可以看出，2013 届高职高专毕业生毕业三年后就业满意度最高的专业大类是文化教育大类（67%），就业满意度最低的专业大类是资源开发与测绘大类（50%）。

表 2－4－1 2013 届高职高专各专业大类毕业生毕业三年后的就业满意度 *

单位：%

高职高专专业大类名称	就业满意度	高职高专专业大类名称	就业满意度
文化教育大类	67	生化与药品大类	59
旅游大类	66	交通运输大类	59
财经大类	64	农林牧渔大类	58
轻纺食品大类	63	材料与能源大类	57
医药卫生大类	62	制造大类	56
电子信息大类	60	土建大类	52
艺术设计传媒大类	59	资源开发与测绘大类	50
全国高职高专	**60**	**全国高职高专**	**60**

* 个别专业大类因为样本较少，没有包括在内。
数据来源：麦可思－中国 2013 届大学毕业生三年后职业发展跟踪评价。

表 2－4－2 2013 届高职高专主要专业类毕业生毕业三年后的就业满意度 *

单位：%

高职高专专业类名称	就业满意度	高职高专专业类名称	就业满意度
教育类	68	工商管理类	64
医学技术类	68	经济贸易类	64
市场营销类	67	计算机类	63
旅游管理类	67	食品类	63
护理类	66	药学类	63
语言文化类	66	环保类	62
畜牧兽医类	66	财务会计类	62
房地产类	65	汽车类	62
公共管理类	65	纺织服装类	60
财政金融类	65	艺术设计类	60

续表

高职高专专业类名称	就业满意度	高职高专专业类名称	就业满意度
制药技术类	60	林业技术类	56
电子信息类	60	建筑设备类	55
化工技术类	59	自动化类	54
电力技术类	58	临床医学类	54
公路运输类	57	建筑设计类	54
港口运输类	57	材料类	52
机械设计制造类	57	机电设备类	51
通信类	56	土建施工类	50
广播影视类	56	测绘类	46
工程管理类	56		
全国高职高专	**60**	**全国高职高专**	**60**

*个别专业类因为样本较少，没有包括在内。

数据来源：麦可思－中国 2013 届大学毕业生三年后职业发展跟踪评价。

三　主要职业的就业满意度

图 2 - 4 - 2 和图 2 - 4 - 3 分别是 2013 届高职高专生毕业三年后就业满意度最高/最低的前五位职业类。可以看出，2013 届高职高专生毕业三年后就业满意度最高的职业类是"中小学教育"（74%），就业满意度最低的职业类是"矿山/石油"（46%）。

四　主要行业的就业满意度

图 2 - 4 - 4 和图 2 - 4 - 5 分别是 2013 届高职高专生毕业三年后就业满意度最高/最低的前五位行业类。可以看出，2013 届高职高专生毕业三年后就业满意度最高的行业类是"教育业"（70%），就业满意度最低的行业类是"初级金属制造业"（45%）。

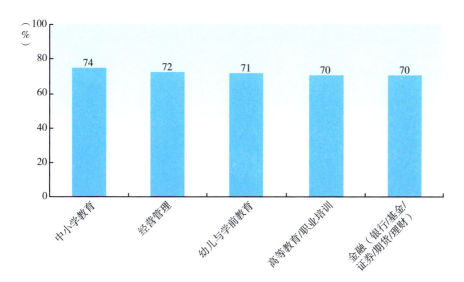

**图 2 – 4 – 2 2013 届高职高专生毕业三年后就业满意度
最高的前五位职业类**[*]

[*] 毕业生规模过小的职业类不包括在此排序中。

数据来源：麦可思 – 中国 2013 届大学毕业生三年后职业发展跟踪评价。

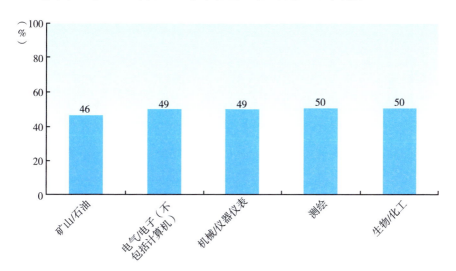

**图 2 – 4 – 3 2013 届高职高专生毕业三年后就业满意度
最低的前五位职业类**[*]

[*] 毕业生规模过小的职业类不包括在此排序中。

数据来源：麦可思 – 中国 2013 届大学毕业生三年后职业发展跟踪评价。

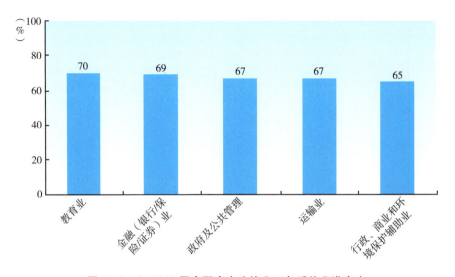

**图2-4-4　2013届高职高专生毕业三年后就业满意度
最高的前五位行业类***

＊毕业生规模过小的行业类不包括在此排序中。
数据来源：麦可思－中国2013届大学毕业生三年后职业发展跟踪评价。

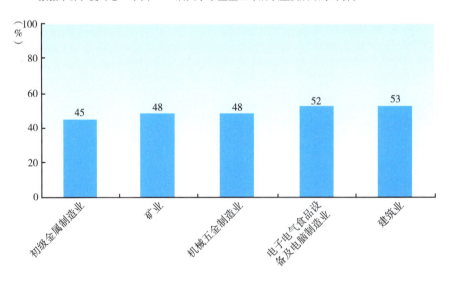

**图2-4-5　2013届高职高专生毕业三年后就业满意度
最低的前五位行业类***

＊毕业生规模过小的行业类不包括在此排序中。
数据来源：麦可思－中国2013届大学毕业生三年后职业发展跟踪评价。

五　各用人单位类型的就业满意度

图 2－4－6 是 2013 届高职高专生毕业三年后在各用人单位类型的就业满意度。可以看出，2013 届高职高专生毕业三年后就业满意度最高的用人单位类型是"政府机构/科研或其他事业单位"（67%），就业满意度最低的用人单位类型是"民营企业/个体"（58%）。

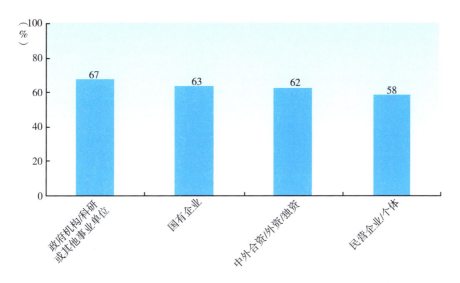

**图 2－4－6　2013 届高职高专生毕业三年后在各用人单位
类型的就业满意度**[*]

*非政府或非营利组织（NGO 等）用人单位因为样本较少，没有包括在内。
数据来源：麦可思－中国 2013 届大学毕业生三年后职业发展跟踪评价。

153

分报告三
培养质量报告

B.12

第一章

总体满意度

一 对母校总体满意度

对母校的总体满意度：由毕业生回答对母校的总体满意度，选项有"很满意"、"满意"、"不满意"、"很不满意"、"无法评估"共五项。其中，"满意"、"很满意"属于满意的范围，"不满意"、"很不满意"属于不满意的范围。对母校的满意度是回答满意范围的人数百分比，计算公式的分子是回答满意范围的人数，分母是回答不满意范围和满意范围的总人数。

图 3-1-1 是 2014~2016 届大学毕业生对母校的总体满意度变化趋势。可以看出，2016 届大学毕业生对母校的总体满意度为 90%，与 2015 届（89%）基本持平，比 2014 届（88%）高 2 个百分点。其中，本科院校总

体满意度为91%，与2015届（91%）持平，比2014届（89%）高2个百分点；高职高专院校总体满意度为89%，与2015届（88%）基本持平，比2014届（87%）高2个百分点。从近三届的趋势可以看出，大学毕业生对母校的总体满意度呈现上升趋势。

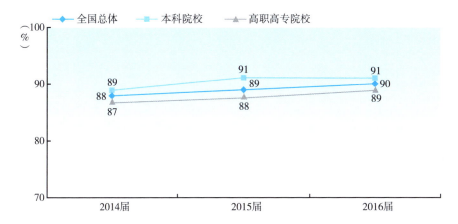

图 3－1－1　2014～2016届大学毕业生对母校的总体满意度变化趋势

数据来源：麦可思－中国2014～2016届大学毕业生培养质量跟踪评价。

图3－1－2是各经济区域的2015届、2016届高职高专毕业生对母校的总体满意度。可以看出，泛长江三角洲区域经济体的2016届高职高专毕业生对母校的总体满意度最高（91%）。

学生工作满意度：由毕业生回答对母校的学生工作满意度，选项有"很满意"、"满意"、"不满意"、"很不满意"、"无法评估"共五项。其中，"满意"、"很满意"属于满意的范围，"不满意"、"很不满意"属于不满意的范围。学生工作满意度是回答满意范围的人数百分比，计算公式的分子是回答满意范围的人数，分母是回答不满意范围和满意范围的总人数。

图3－1－3是2015届、2016届大学毕业生对母校学生工作的满意度。可以看出，2016届大学毕业生对母校学生工作的满意度为84%，比2015届（82%）高2个百分点。其中，本科、高职高专院校2016届毕业生对母校学生工作的满意度均为84%，比2015届（均为82%）均高2个百分点。

155

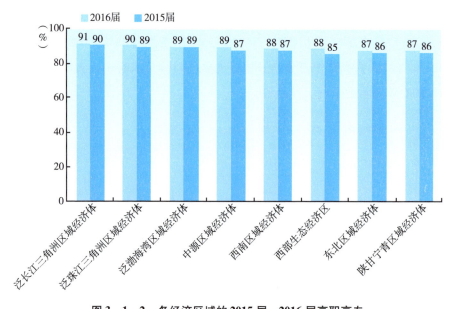

图3-1-2 各经济区域的2015届、2016届高职高专毕业生对母校的总体满意度

数据来源：麦可思-中国2015届、2016届大学毕业生培养质量跟踪评价。

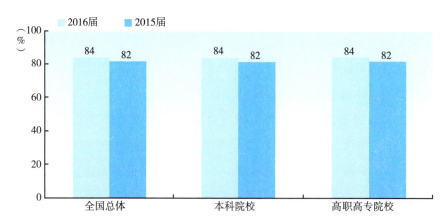

图3-1-3 2015届、2016届大学毕业生对母校学生工作的满意度

数据来源：麦可思-中国2015届、2016届大学毕业生培养质量跟踪评价。

图3-1-4是2015届、2016届高职高专毕业生认为母校的学生工作需要改进的地方。可以看出，2016届高职高专毕业生认为母校的学生工作需

要改进的地方是"与辅导员或班主任接触时间太少"（46%），其后是"学生社团活动组织不够好"（40%）、"解决学生问题不及时"（33%）。

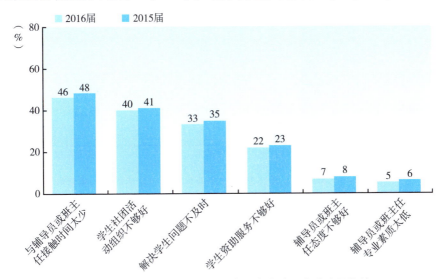

图 3 - 1 - 4　2015 届、2016 届高职高专毕业生认为母校的
学生工作需要改进的地方（多选）

数据来源：麦可思 - 中国 2015 届、2016 届大学毕业生培养质量跟踪评价。

生活服务满意度：由毕业生回答对母校的生活服务满意度，选项有"很满意"、"满意"、"不满意"、"很不满意"、"无法评估"共五项。其中，"满意"、"很满意"属于满意的范围，"不满意"、"很不满意"属于不满意的范围。生活服务满意度是回答满意范围的人数百分比，计算公式的分子是回答满意范围的人数，分母是回答不满意范围和满意范围的总人数。

图 3 - 1 - 5 是 2015 届、2016 届大学毕业生对母校生活服务的满意度。可以看出，2016 届大学毕业生对母校生活服务的满意度为 85%，比 2015 届（83%）高 2 个百分点。其中，本科院校 2016 届毕业生对母校生活服务的满意度为 86%，与 2015 届（85%）基本持平；高职高专院校 2016 届毕业生对母校的生活服务满意度为 84%，比 2015 届（82%）高 2 个百分点。

图 3 - 1 - 6 是 2015 届、2016 届高职高专毕业生认为母校的生活服务需要改进的地方。可以看出，2016 届高职高专毕业生认为母校的生活服务需

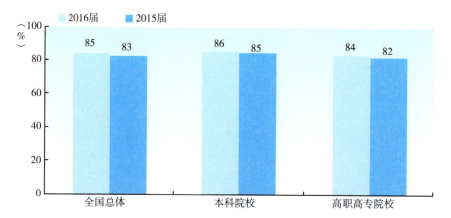

图 3 - 1 - 5 2015 届、2016 届大学毕业生对母校生活服务的满意度

数据来源：麦可思 - 中国 2015 届、2016 届大学毕业生培养质量跟踪评价。

**图 3 - 1 - 6 2015 届、2016 届高职高专毕业生认为母校的生活
服务需要改进的地方（多选）**

数据来源：麦可思 - 中国 2015 届、2016 届大学毕业生培养质量跟踪评价。

要改进的地方是"食堂饭菜质量及服务不够好"（40%），其后是"学校洗浴服务不够好"（35%）、"宿舍服务不够好"（34%）、"学校医院或医务室服务不够好"（30%）、"教室设备与服务不够好"（27%）。

二 对母校的推荐度

对母校的推荐度： 在同等分数、同类型学校条件下，大学毕业生是否愿意推荐母校给亲朋好友去就读的比例。推荐度计算公式的分子是回答"愿意推荐"的人数，分母是回答"愿意推荐"、"不愿意推荐"、"不确定"的总人数。

图 3 - 1 - 7 是 2014 ~ 2016 届大学毕业生对母校的推荐度变化趋势。可以看出，2016 届大学毕业生对母校的推荐度为 66%，与 2015 届（65%）基本持平，比 2014 届（63%）高 3 个百分点。其中，本科院校毕业生对母校的推荐度为 68%，比 2015 届（67%）略高，比 2014 届（64%）高 4 个百分点；高职高专院校为 64%，比 2015 届（63%）略高，比 2014 届（61%）高 3 个百分点。从近三届的趋势可以看出，大学毕业生对母校的推荐度呈现上升趋势。

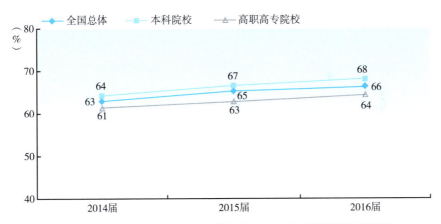

图 3 - 1 - 7 2014 ~ 2016 届大学毕业生对母校的推荐度变化趋势

数据来源：麦可思 - 中国 2014 ~ 2016 届大学毕业生培养质量跟踪评价。

B.13

第二章

教学满意度

一　教学满意度

教学满意度：由毕业生回答对母校的教学满意度，选项有"很满意"、"满意"、"不满意"、"很不满意"、"无法评估"共五项。其中，"满意"、"很满意"属于满意的范围，"不满意"、"很不满意"属于不满意的范围。教学满意度是回答满意范围的人数百分比，计算公式的分子是回答满意范围的人数，分母是回答不满意范围和满意范围的总人数。

图 3 - 2 - 1 是 2015 届、2016 届大学毕业生对母校教学的满意度。可以看出，2016 届大学毕业生对母校教学的满意度为 88%，比 2015 届（86%）高 2 个百分点。其中，本科院校 2016 届毕业生对母校教学的满意度为 87%，比 2015 届（85%）高 2 个百分点；高职高专院校 2016 届毕业生对母校的教学满意度为 89%，比 2015 届（87%）高 2 个百分点。

二　教学需改进的方面

图 3 - 2 - 2 是 2015 届、2016 届高职高专毕业生认为母校的教学需要改进的地方。可以看出，2016 届高职高专毕业生认为母校的教学最需要改进的地方为"实习和实践环节不够"（61%），其次为"无法调动学生学习兴趣"（49%）。

160

图 3-2-1 2015 届、2016 届大学毕业生对母校教学的满意度

数据来源：麦可思-中国 2015 届、2016 届大学毕业生培养质量跟踪评价。

图 3-2-2 2015 届、2016 届高职高专毕业生认为母校的教学
需要改进的地方（多选）

数据来源：麦可思-中国 2015 届、2016 届大学毕业生培养质量跟踪评价。

161

三　核心课程评价

课程的重要度：由就业和正在国内外读研或读本科的毕业生判定课程在自己的工作或学习中是否重要。毕业生对课程对工作或学习的重要度评价分为"无法评估"、"不重要"、"有些重要"、"重要"、"非常重要"、"极其重要"，其中"有些重要"、"重要"、"非常重要"、"极其重要"属于重要的范围。

课程的满足度：回答了课程"有些重要"到"极其重要"的毕业生会被要求回答课程训练是否满足工作或学习要求，满足度指标是回答某课程能满足工作或学习的百分比。计算公式的分子是回答"满足"的人数，分母是回答"满足"和"不满足"的总人数。

图 3 - 2 - 3 和图 3 - 2 - 4 分别是 2016 届大学毕业生的核心课程重要度及满足度评价。可以看出，2016 届毕业生的核心课程重要度评价为 81%，其中，本科为 80%，高职高专为 82%。

2016 届毕业生的核心课程满足度评价为 73%，其中，本科为 72%，高职高专为 74%。

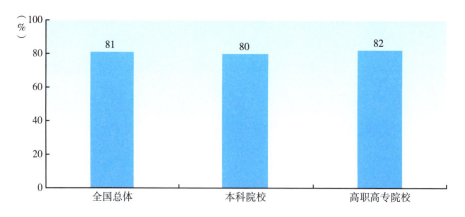

图 3 - 2 - 3　2016 届大学毕业生的核心课程重要度评价

数据来源：麦可思 - 中国 2016 届大学毕业生培养质量跟踪评价。

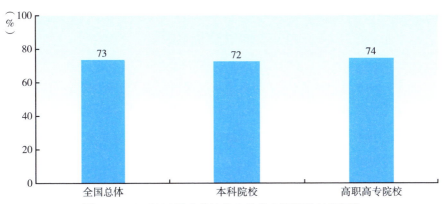

图 3 - 2 - 4 2016 届大学毕业生的核心课程满足度评价

数据来源：麦可思-中国 2016 届大学毕业生培养质量跟踪评价。

图 3 - 2 - 5 是 2016 届高职高专各专业大类的核心课程重要度和满足度评价。可以看出，在 2016 届高职高专各专业大类中，医药卫生大类核心课程的重要度评价（95％）最高，其满足度（82％）也最高。

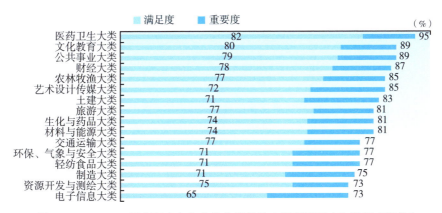

图 3 - 2 - 5 2016 届高职高专各专业大类的核心课程重要度和满足度评价*

*个别专业大类因为样本较少，没有包括在内。

数据来源：麦可思-中国 2016 届大学毕业生培养质量跟踪评价。

四　师生交流频度

图 3 - 2 - 6 是 2016 届大学毕业生与任课教师课下交流程度。可以看出，2016 届有 52% 的毕业生与任课教师"每周至少一次"和"每月至少一次"课下交流。其中，本科毕业生中有 23% 与任课教师"每周至少一次"课下交流，低于高职高专毕业生（34%）。

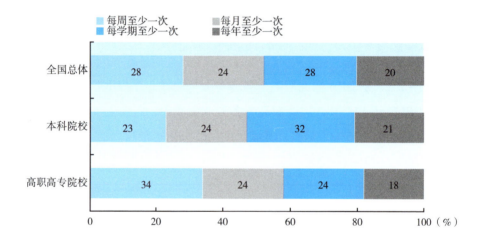

图 3 - 2 - 6　2016 届大学毕业生与任课教师课下交流程度

数据来源：麦可思 - 中国 2016 届大学毕业生培养质量跟踪评价。

图 3 - 2 - 7 是 2016 届高职高专各专业大类毕业生与任课教师课下交流程度。可以看出，在 2016 届高职高专各专业大类中，与任课教师"每周至少一次"和"每月至少一次"课下交流程度较高的是艺术设计传媒大类（69%），最低的是财经大类、医药卫生大类（均为 52%）。

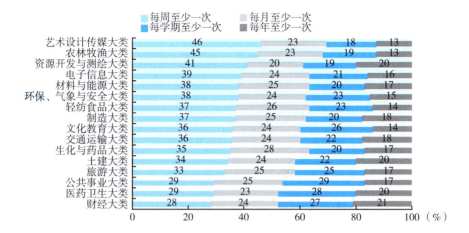

图 3 - 2 - 7　2016 届高职高专各专业大类毕业生与任课教师
课下交流程度*

* 个别专业大类因为样本较少，没有包括在内。

数据来源：麦可思 - 中国 2016 届大学毕业生培养质量跟踪评价。

B.14

第三章

教与学行为分析

一 到课率

到课率 = 班级实到人数/班级应到人数。

图3－3－1是大学在校生到课率。可以看出，大学在校生到课率为89%。其中，本科院校到课率为86%；高职高专院校到课率为91%。

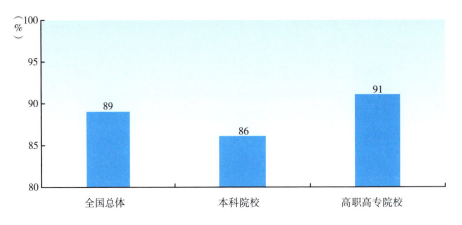

图 3 – 3 – 1　大学在校生到课率

数据来源：麦可思智能助教系统（Mita）。

图3－3－2是大学在校生周一至周五的到课率。可以看出，本科院校在校生周二的到课率最高（90%），其余四天均在86%左右；高职高专院校在校生周一至周三的到课率均为91%，周四到课率最高（93%），周五最低（89%）。

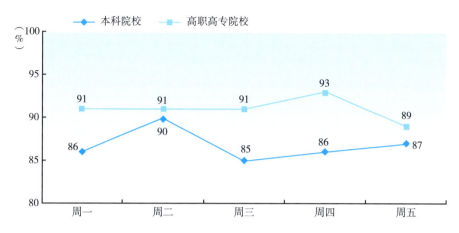

图 3－3－2 大学在校生周一至周五到课率

数据来源：麦可思智能助教系统（Mita）。

图 3－3－3 是大学在校生每日各时间段的到课率。可以看出，本科院校在校生下午（平均 89%）到课率高于上午（平均 87%），高职高专院校在校生上午（平均 93%）到课率高于下午（平均 85%），晚课到课率均较低（本科 84%，高职高专 83%）。

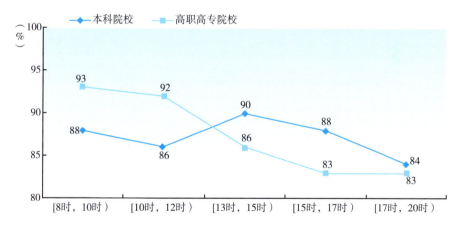

图 3－3－3 大学在校生每日各时间段到课率

数据来源：麦可思智能助教系统（Mita）。

二 课堂互动

教师提问频率 = 教师使用 Mita 提问次数/使用 Mita 上课次数。本研究将教师课堂提问的频率分为以下四种级别：

每次课都提问：即"用 Mita 提问次数"/"用 Mita 上课次数"的结果大于等于 1。

经常提问：即"用 Mita 提问次数"/"用 Mita 上课次数"的结果大于等于 0.5。

偶尔提问：即"用 Mita 提问次数"/"用 Mita 上课次数"的结果大于 0，且小于 0.5。

从不提问：即"用 Mita 提问次数"/"用 Mita 上课次数"的结果等于 0。

图 3-3-4 是高校教师课堂上通过 Mita 提问的频率分布。可以看出，有 34% 的高校教师每次上课都提问，有 8% 的高校教师经常提问，有 8% 的高校教师偶尔提问，还有 50% 的高校教师从不提问。其中，本科院校教师提问的频率高于高职高专院校教师。

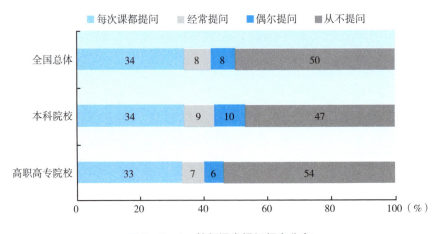

图 3-3-4　教师课堂提问频率分布

数据来源：麦可思智能助教系统（Mita）。

课堂测验频率 = 教师使用 Mita 发起课堂测验次数/使用 Mita 上课次数。本研究将课堂测验的频率分为以下四种级别：

每次课都测验：即"用 Mita 测验次数"/"用 Mita 上课次数"的结果大于等于 1。

经常测验：即"用 Mita 测验次数"/"用 Mita 上课次数"的结果大于等于 0.5。

偶尔测验：即"用 Mita 测验次数"/"用 Mita 上课次数"的结果大于0，且小于 0.5。

从不测验：即"用 Mita 测验次数"/"用 Mita 上课次数"的结果等于 0。

图 3-3-5 是高校教师课堂上通过 Mita 发起测验的频率分布。可以看出，有 7% 的高校教师每次上课都测验，有 7% 的高校教师经常测验，有 9% 的高校教师偶尔测验，还有 77% 的高校教师从不测验。本科院校教师课堂发起测验的频率高于高职高专院校教师。

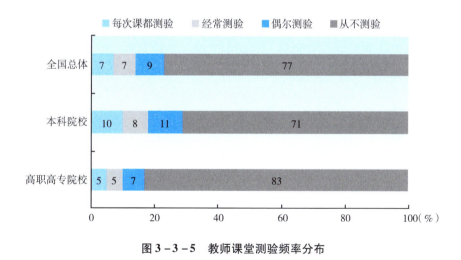

图 3-3-5 教师课堂测验频率分布

数据来源：麦可思智能助教系统（Mita）。

图 3-3-6 是大学在校生通过 Mita 参与课堂测验的比例及回答正确率。可以看出，课堂测验的参与率为 75%，答案的正确率为 62%。本科院校在校生的参与率和正确率均低于高职高专院校在校生。

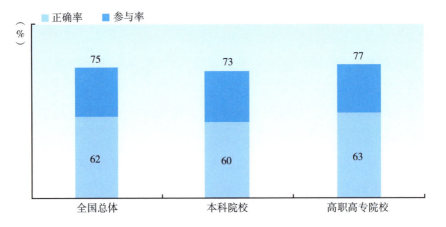

图3-3-6 大学在校生参与课堂测验的比例及回答正确率

数据来源：麦可思智能助教系统（Mita）。

三 学习行为预警

教师可以用 Mita 设置预警，当学生旷课、不做测验、不交作业累积一定次数时，系统就会自动提醒学生。图3-3-7是大学在校生收到学习预警

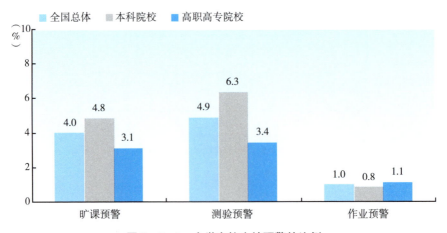

图3-3-7 大学在校生被预警的比例

数据来源：麦可思智能助教系统（Mita）。

的比例。可以看出，有 4.0% 的大学在校生因为旷课收到预警，有 4.9% 的大学在校生因为不参与课堂测验收到预警，有 1.0% 的大学在校生因为不交作业收到预警。本科院校在校生因为旷课和不参与测验收到预警的比例均高于高职高专院校在校生。

B.15
第四章
能力、知识及素养提升

一 基本工作能力评价

（一）背景介绍

工作能力：从事某项职业工作必须具备的能力，分为职业工作能力和基本工作能力。职业工作能力是从事某一职业特殊需要的能力，基本工作能力是所有工作都必须具备的能力，麦可思参考美国 SCANS 标准，把基本工作能力分为 35 项。根据麦可思的工作能力分类，中国大学生可以从事的职业共 695 个，对应的职业能力近万条。

五大类基本工作能力：麦可思参考美国 SCANS 标准，35 项基本工作能力可划归为五大类型，分别是理解与交流能力、科学思维能力、管理能力、应用分析能力和动手能力（见图 3 - 4 - 1）。

基本工作能力的重要度：用于定义正在工作的大学毕业生所理解的 35 项基本工作能力在其岗位工作中的重要程度，分为"无法评估"、"不重要"、"有些重要"、"重要"、"非常重要"和"极其重要"六个层次，数据处理时把重要性处理为百分比，0 代表"不重要"，25% 代表"有些重要"，50% 代表"重要"，75% 代表"非常重要"，100% 代表"极其重要"。

工作岗位要求的工作能力水平：用于定义正在工作的大学毕业生所理解的工作对 35 项基本工作能力的要求级别，从低到高分为一级到七级。一级代表该能力的最低水平，取值 1/7；七级代表该能力的最高水平，取值 1。为了帮助答题人自评级别，问卷在一到七级中分别举了三个例子，以帮助答

172

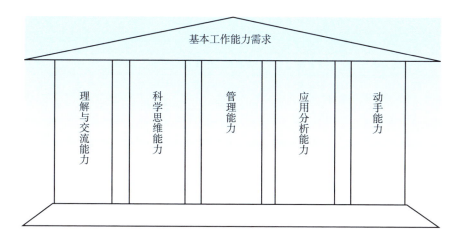

图 3 - 4 - 1　五大类基本工作能力

表 3 - 4 - 1　基本工作能力定义及序号

序号	五大类能力	名称	描述
1	理解与交流能力	理解性阅读	理解工作文件的句子和段落
2	理解与交流能力	积极聆听	理解对方讲话的要点,适当地提出问题
3	理解与交流能力	有效的口头沟通	交谈中有效地传递信息
4	理解与交流能力	积极学习	理解信息中的启示,用于解决问题,帮助做出决定
5	理解与交流能力	学习方法	在训练和指导工作时选择方法与程序
6	理解与交流能力	理解他人	关注并理解他人的反应
7	理解与交流能力	服务他人	积极地寻找方法来帮助他人
8	科学思维能力	针对性写作	根据读者需求有效果地传递信息
9	科学思维能力	数学解法	用数学方法来解决问题
10	科学思维能力	科学分析	用科学的原理和方法来解决问题
11	科学思维能力	批判性思维	运用逻辑推理来判定解决问题的建议、结论和方法的优缺点
12	管理能力	绩效监督	监督和评估自己、他人或组织的绩效以采取改进行动
13	管理能力	协调安排	根据他人的需要调整工作安排
14	管理能力	说服他人	说服他人改变想法或者行为
15	管理能力	谈判技能	与他人沟通并且达成一致
16	管理能力	指导他人	指导他人怎样去做一件事
17	管理能力	解决复杂的问题	识别复杂问题并查阅信息以发现和评估解决方案
18	管理能力	判断和决策	考虑各方案的成本和收益,决定最合适的方案

续表

序号	五大类能力	名称	描述
19	管理能力	时间管理	管理自己和他人的时间
20	管理能力	财务管理	决定怎样花钱以完成工作,并为这些开支记账核算
21	管理能力	物资管理	如何按照工作的特定需要获得设备、厂房和材料,以及监督其合理使用
22	管理能力	人力资源管理	在工作中激发、指导人们的工作,寻找适合各项工作的人
23	应用分析能力	新产品构思	分析需求和生产的可能性以开发出新产品
24	应用分析能力	技术设计	按要求设计和修改设备与技术
25	应用分析能力	设备选择	决定使用哪一种工具和设备来做一项工作
26	应用分析能力	质量控制分析	对产品、服务或工作程序进行测试和检查以评价其质量和绩效
27	应用分析能力	操作监控	监视仪表、控制器和其他指示器以保证机器正常运行
28	应用分析能力	操作和控制	控制设备和系统的运行
29	应用分析能力	设备维护	对设备进行日常维护并决定什么时候进行何种维护
30	应用分析能力	疑难排解	判断出操作错误的产生原因并决定纠错对策
31	应用分析能力	系统分析	判定变化对一个系统运行结果的影响
32	应用分析能力	系统评估	识别系统绩效的评估方法或指标,根据系统目标制订行动方案以改进系统表现
33	动手能力	安装能力	按照特定要求来安装设备、机器、管线或程序
34	动手能力	电脑编程	为各种目的编写电脑程序
35	动手能力	维修机器和系统	使用必要的工具来修理机器和系统

题人理解能力差别。

毕业时掌握的基本工作能力水平:用于定义正在工作的大学毕业生所理解的对35项基本工作能力在刚毕业时实际掌握的级别,从低到高分为一级到七级。一级代表该能力的最低水平,取值1/7;七级代表该能力的最高水平,取值1。为了帮助答题人自评级别,问卷在一级到七级中分别举了三个例子,以帮助答题人理解能力差别。

基本工作能力的满足度:毕业时掌握的基本工作能力水平满足社会初始岗位的工作要求水平的百分比,100%为完全满足。满足度计算公式的分子是毕业时掌握的基本工作能力水平,分母是工作要求的水平。

（二）基本工作能力重要度和满足度

图3-4-2、图3-4-3和图3-4-4分别是2014~2016届大学毕业生毕业时掌握的基本工作能力水平和工作岗位要求达到的水平，以及在此基础上计算出的基本工作能力满足度。可以看出，无论是本科毕业生还是高职高专毕业生，其毕业时对基本工作能力掌握的水平均低于工作岗位要求的水平。

图3-4-2　2014~2016届大学毕业生毕业时掌握的基本工作能力水平

数据来源：麦可思-中国2014~2016届大学毕业生培养质量跟踪评价。

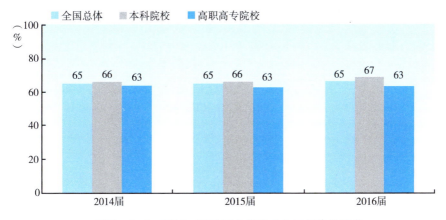

**图3-4-3　2014~2016届大学毕业生工作岗位要求
达到的基本工作能力水平**

数据来源：麦可思-中国2014~2016届大学毕业生培养质量跟踪评价。

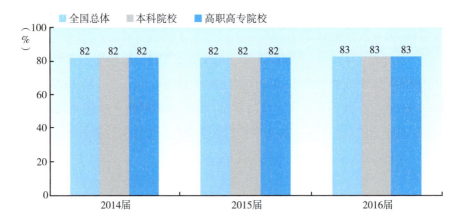

图 3 - 4 - 4　2014 ~ 2016 届大学毕业生的基本工作能力的满足度

数据来源：麦可思 - 中国 2014 ~ 2016 届大学毕业生培养质量跟踪评价。

图 3 - 4 - 5 是 2016 届高职高专毕业生各项基本工作能力的重要度和满足度。可以看出，2016 届高职高专毕业生在理解交流能力中最重要的是有效的口头沟通能力（重要度为 68%），其满足度为 87%；科学思维能力中最重要的是科学分析能力（重要度为 61%），其满足度为 85%；管理能力中最重要的是说服他人能力（重要度为 70%），其满足度为 80%；应用分析能力中最重要的是疑难排解能力（重要度为 66%），其满足度为 83%；动手能力中最重要的是电脑编程能力（重要度为 76%），其满足度为 63%。

二　核心知识评价

（一）背景介绍

核心知识：从事某项职业工作必须具备的知识。麦可思参考美国 SCANS 标准，将核心知识分为 28 项。根据麦可思的核心知识分类，中国大学生可以从事的职业共 695 个，对应的职业知识近万条。大学毕业生在校期间所掌握的 28 项知识见表 3 - 4 - 2。

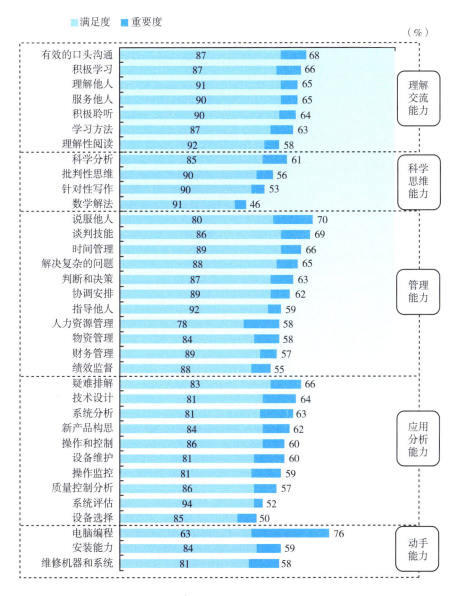

图 3 - 4 - 5 2016 届高职高专毕业生的各项基本工作
能力的重要度和满足度

数据来源：麦可思－中国 2016 届大学毕业生培养质量跟踪评价。

表 3 – 4 – 2　核心知识定义及序号

序号	名称	描述
1	行政与管理	关于战略规划、资源分配、人力资源、领导技巧、生产方法、人员与资源协调的商业管理原理
2	生物学	关于动植物有机体的组织、细胞、功能的知识,包括生物体的相互作用及其与环境的依赖和相互作用
3	化学	关于物质的化学组成、结构、性质、化学反应及变化的知识,包括掌握化学物品的危险特征、制备方法以及安全处理方法
4	文秘	关于行政和文书记录程序、系统的知识,例如:文字处理、文件记录归档、速记和誊写、表格设计等,还要掌握其他一些办公程序和专门用语
5	传播与媒体	关于传媒制作、交流、传播技术和方法的知识,包括通过书面、口头和可视媒体等方式来传达信息或娱乐受众
6	计算机与电子学	关于线路板、处理器、芯片、电子设备和电脑软硬件的知识,包括关于应用软件和编程方面的知识
7	消费者服务与个人服务	关于向顾客、个人提供服务的原理及过程的知识,这包括评估顾客需求以达到服务质量标准,并确定顾客的满意程度
8	设计	关于在精密技术方案、蓝图、绘图和模型中所涉及的设计技术、工具和原理的知识
9	经济学与会计	关于经济学和会计学的原理与实践,涉及金融市场、银行业以及对金融数据进行分析和报告的知识
10	教育与培训	关于课程设置和培训的原理和方法,教授和指导个人及团体,以及评估培训效果的知识
11	工程与技术	关于工程科技的实际应用的知识,包括应用原理、技术、程序、设计、生产多种产品和服务所用的设备
12	中文语言	关于汉语语言结构和内容的知识,包括词的意义和书写、构成规则和语法
13	美术	关于音乐、舞蹈、视觉艺术、戏剧和雕塑等艺术作品的创作、制作和表现中所涉及的理论和技术知识
14	外国语	关于一门外语语言结构和内容的知识,包括单词的意义和拼写、构成规则、语法和发音
15	地理学	关于描述陆地、海洋、大气特征的原理和方法的知识,包括其物理特征、位置、相互关系,以及关于植物、动物和人类分布的知识
16	历史学与考古学	关于历史事件及其起因、标志,以及对文明和文化的影响的知识
17	法律与政府	关于法律、法规、法庭程序、判例、政府规定、行政指令、机构规则和民主政治进程的知识
18	数学	关于算术、代数、几何、微积分、统计及其应用的知识

续表

序号	名称	描述
19	机械	关于机械和工具的知识,包括其设计、使用、修理和保养
20	人事与人力资源	关于招聘、选拔、培训、薪酬福利、劳动关系和谈判、人事信息系统的知识
21	哲学	关于不同哲学系统和宗教流派的知识,包括基本原理、价值观、道德观、思考方式、习俗、惯例及其对人类文化的影响
22	物理学	关于物质世界的原理、定理和物质相互作用的知识和预测,以及通过实验手段去了解的关于物质、大气运动、机械、电子、原子和亚原子结构与过程的知识
23	生产与加工	关于原材料、生产过程、质量控制、成本和其他知识,并使有限物资有效和最大限度地应用到制造和分配货物中
24	心理学	关于人类行为和表现,能力、个性和兴趣的个体差异,学习与动机,心理研究方法,以及对行为和情感紊乱的评价和治疗的知识
25	销售与营销	关于展示、促销产品及服务的原则和方法的知识,包括营销策略、产品展示、销售技巧及销售控制体系
26	社会学和人类学	关于群体行为和动力学、社会趋势和影响、人类迁徙,以及种族、文化及其历史和起源的知识
27	电信学	关于电信体系中传输、播报、转换、控制和运营的知识
28	治疗与保健咨询	关于身体和精神功能紊乱的诊断、治疗、复健,以及职业咨询与指导的原则、方法和程序的知识

核心知识的重要度:用于定义正在工作的大学毕业生所理解的各项知识在其岗位工作中的重要程度,分为"无法评估"、"不重要"、"有些重要"、"重要"、"非常重要"和"极其重要"六个层次,数据处理时把重要性处理为百分比,0代表"不重要",25%代表"有些重要",50%代表"重要",75%代表"非常重要",100%代表"极其重要"。

工作要求的核心知识水平:用于定义正在工作的大学毕业生所理解的工作对各项知识的要求级别,从低到高分为一级到七级。一级代表该知识的最低水平,取值1/7;七级代表该知识的最高水平,取值1。为了帮助答题人自评级别,问卷在一到七级中分别举了三个例子,以帮助答题人理解知识水平差别。

毕业时掌握的核心知识水平:用于定义正在工作的大学毕业生所理解的

对各项知识在刚毕业时实际掌握的级别，从低到高分为一级到七级。一级代表该知识的最低水平，取值1/7；七级代表该知识的最高水平，取值1。为了帮助答题人自评级别，问卷在一级到七级中分别举了三个例子，以帮助答题人理解知识水平差别。

核心知识的满足度：毕业时掌握的核心知识水平满足社会初始岗位的工作要求水平的百分比，100％为完全满足。满足度计算公式的分子是毕业时掌握的核心知识水平，分母是工作要求的核心知识水平。

（二）核心知识重要度和满足度

图3-4-6、图3-4-7和图3-4-8分别是2014～2016届大学毕业生毕业时掌握的核心知识水平和工作岗位要求达到的水平，以及在此基础上计算出的核心知识满足度。可以看出，无论是本科毕业生还是高职高专毕业生，其毕业时对核心知识掌握的水平均低于工作岗位要求的水平。

图3-4-6　2014～2016届大学毕业生毕业时掌握的核心知识水平

数据来源：麦可思-中国2014～2016届大学毕业生培养质量跟踪评价。

图3-4-9是2016届高职高专毕业生的各项核心知识的重要度和满足度。可以看出，2016届高职高专毕业生最重要的核心知识是销售与营销知识（重要度为63％），其满足度较低（77％）。

图 3 – 4 – 7　2014 ~ 2016 届大学毕业生工作岗位要求的核心知识水平

数据来源：麦可思 – 中国 2014 ~ 2016 届大学毕业生培养质量跟踪评价。

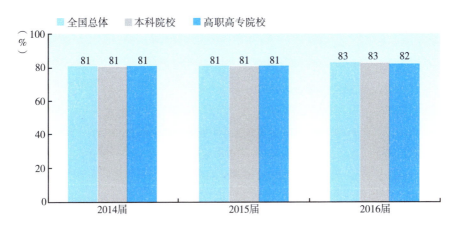

图 3 – 4 – 8　2014 ~ 2016 届大学毕业生的核心知识满足度

数据来源：麦可思 – 中国 2014 ~ 2016 届大学毕业生培养质量跟踪评价。

三　社团活动评价

社团活动：指毕业生在大学期间参加过的社团活动。社团活动包括：

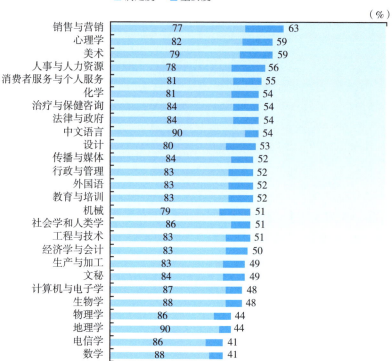

■ 满足度　■ 重要度

图 3-4-9　2016 届高职高专毕业生的各项核心知识的
重要度和满足度*

*历史学与考古学、哲学知识由于样本较少，没有包括在内。
数据来源：麦可思－中国 2016 届大学毕业生培养质量跟踪评价。

"学术科技类（如：统计协会、哲学社、英语角等）"、"社会实践类（如：创业协会等）"、"公益类（如：志愿者协会等）"、"社交联谊类"、"文化艺术类（如：文学社、书画协会等）"、"表演艺术类（如：演讲与口才、歌舞戏剧、声乐器乐协会等）"、"体育户外类"，一个毕业生可以选择参加多类社团活动，也可以选择"没参加任何社团活动"。

社团活动满意度：毕业生选择了参加某类社团活动后，会再评价对该类社团活动是否满意。社团活动满意度＝参加过该类社团活动并表示满意的人数/参加过该类社团活动的人数。

图 3 - 4 - 10 是 2016 届高职高专毕业生参加社团活动的比例及满意度。可以看出，2016 届高职高专毕业生在校期间参与度最高的社团活动为"公益类"（25%），其次为"体育户外类"（19%）。有 28% 的高职高专毕业生没有参加任何社团活动。在对参加的各类社团活动进行评价时，2016 届高职高专毕业生满意度最高的活动为"公益类"（90%）。

图 3 - 4 - 10　2016 届高职高专毕业生参加社团活动的
比例及满意度（多选）

数据来源：麦可思 - 中国 2016 届大学毕业生培养质量跟踪评价。

四　在校素养提升

素养提升：由毕业生选择，大学帮助自己在哪些方面素养得到明显提升。一个毕业生可选择多项，也可选择"没有任何帮助"。工程类、艺术类、医学类专业在素养培养上有各自的特点，故这里的素养选项有所不同，具体描述见表 3 - 4 - 3。

表3-4-3 不同类型专业素养提升选项

专业类型	素养提升选项	专业类型	素养提升选项
工程类	工程安全	医学类	包容精神
	关注社会		关注社会
	积极努力、追求上进		积极努力、追求上进
	开拓创新		健康卫生
	乐于助人、参与公益		科学态度
	人生的乐观态度		乐于助人、参与公益
	人文美学		人生的乐观态度
	社会公德		人文美学
	团队合作		职业道德
	遵纪守法		遵纪守法
艺术类	创新精神	其他类	包容精神
	关注社会		关注社会
	积极努力、追求上进		积极努力、追求上进
	健康卫生		健康卫生
	乐于助人、参与公益		乐于助人、参与公益
	人生的乐观态度		人生的乐观态度
	社会公德		人文美学
	艺术修养		社会公德
	知恩图报		知恩图报
	遵纪守法		遵纪守法

　　图3-4-11是2015届、2016届高职高专工程类专业毕业生大学期间的素养提升。可以看出，2016届高职高专工程类专业毕业生认为在校期间大学对自己素养提升较高的方面为"人生的乐观态度"（64%）、"团队合作"（61%）、"积极努力、追求上进"（61%）；此外，还有5%的高职高专工程类专业毕业生认为大学对素养的提升没有任何帮助。

　　图3-4-12是2015届、2016届高职高专艺术类专业毕业生大学期间的素养提升。可以看出，2016届高职高专艺术类专业毕业生认为在校期间大学对自己素养提升较高的方面为"艺术修养"（68%）、"人生的乐观态度"（62%）、"积极努力、追求上进"（60%）；此外，还有5%的高职高专艺术类专业毕业生认为大学对素养的提升没有任何帮助。

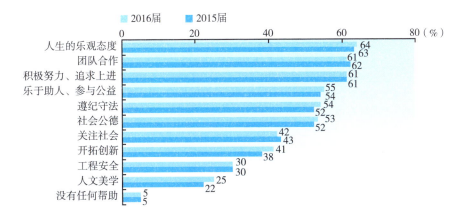

图 3－4－11　2015 届、2016 届高职高专工程类专业毕业生大学期间的素养提升（多选）

数据来源：麦可思－中国 2015 届、2016 届大学毕业生培养质量跟踪评价。

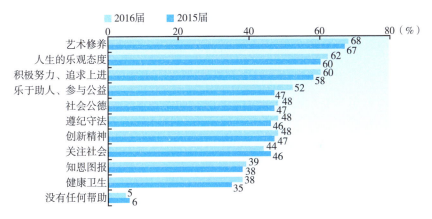

图 3－4－12　2015 届、2016 届高职高专艺术类专业毕业生大学期间的素养提升（多选）

数据来源：麦可思－中国 2015 届、2016 届大学毕业生培养质量跟踪评价。

图 3－4－13 是 2015 届、2016 届高职高专医学类专业毕业生大学期间的素养提升。可以看出，2016 届高职高专医学类专业毕业生认为在校期间大学对自己素养提升较高的方面为"健康卫生"（61%）、"积极努力、追求上进"（60%）、"职业道德"（60%）、"人生的乐观态度"（57%）；此外，还有 3% 的高职高专医学类专业毕业生认为大学对素养的提升没有任何帮助。

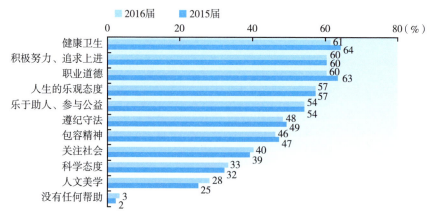

图 3 - 4 - 13　2015 届、2016 届高职高专医学类专业毕业生
大学期间的素养提升（多选）

数据来源：麦可思－中国 2015 届、2016 届大学毕业生培养质量跟踪评价。

图 3 - 4 - 14 是 2015 届、2016 届高职高专其他类专业毕业生大学期间的素养提升。可以看出，2016 届高职高专其他类专业毕业生认为在校期间大学对自己素养提升较高的方面为"积极努力、追求上进"、"人生的乐观态度"（均为 67%）；此外，还有 4% 的高职高专其他类专业毕业生认为大学对素养的提升没有任何帮助。

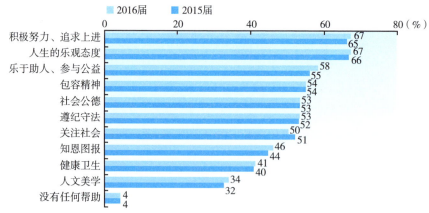

图 3 - 4 - 14　2015 届、2016 届高职高专其他类专业毕业生
大学期间的素养提升（多选）*

* 此处其他类专业是指高职高专除工程类、艺术类、医学类之外的专业。
数据来源：麦可思－中国 2015 届、2016 届大学毕业生培养质量跟踪评价。

五 职业能力评价

职业能力：由已经工作的毕业生（毕业三年后）选择自己工作中重要的职业能力。一个毕业生可选择多项。各项职业能力描述见表 3 – 4 – 4。

表 3 – 4 – 4 职业能力描述

职业能力	描述
自我定位能力	客观分析评估个人各项知识和技能的能力
职业规划能力	对职业生涯进行持续的系统计划的能力
工作搜寻能力	全面系统地搜索工作机会的能力
自我行销能力	通过有效的方法和手段将自己推销出去的能力
持续学习能力	持续接受并学习新知识和技能的能力
资源掌控能力	个体构建和使用社会资源的能力

图 3 – 4 – 15 是 2013 届高职高专生毕业三年后认为各项职业能力的重要程度。可以看出，2013 届高职高专生毕业三年后认为职场中持续学习能力最重要（79％），其后是自我定位能力（71％）、职业规划能力（68％）、资源掌控能力（55％）。

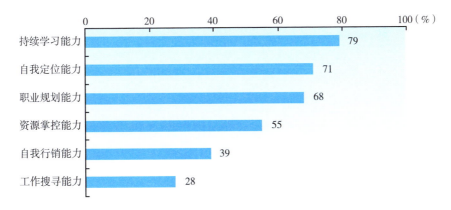

图 3 – 4 – 15 2013 届高职高专生毕业三年后认为各项
职业能力的重要程度

数据来源：麦可思 – 中国 2013 届大学毕业生三年后职业发展跟踪评价。

表3－4－5　2013届高职高专生毕业三年后从事的主要职业类最重要的三项职业能力*

高职高专职业类名称	第一重要的职业能力	第二重要的职业能力	第三重要的职业能力
保险	持续学习能力	自我定位能力	职业规划能力
表演艺术/影视	持续学习能力	自我定位能力	职业规划能力
财务/审计/税务/统计	持续学习能力	职业规划能力	自我定位能力
餐饮/娱乐	持续学习能力	自我定位能力	职业规划能力
测绘	持续学习能力	自我定位能力	职业规划能力
电力/能源	持续学习能力	自我定位能力	职业规划能力
电气/电子(不包括计算机)	持续学习能力	自我定位能力	职业规划能力
房地产经营	自我定位能力	持续学习能力	职业规划能力
服装/纺织/皮革	自我定位能力	持续学习能力	资源掌控能力
高等教育/职业培训	持续学习能力	职业规划能力	自我定位能力
工业安全与质量	持续学习能力	自我定位能力	职业规划能力
公安/检察/法院/经济执法	持续学习能力	自我定位能力	职业规划能力
行政/后勤	持续学习能力	自我定位能力	职业规划能力
互联网开发及应用	持续学习能力	自我定位能力	职业规划能力
环境保护	持续学习能力	自我定位能力	职业规划能力
机动车机械/电子	持续学习能力	自我定位能力	职业规划能力
机械/仪器仪表	持续学习能力	自我定位能力	职业规划能力
计算机与数据处理	持续学习能力	自我定位能力	职业规划能力
建筑工程	持续学习能力	自我定位能力	职业规划能力
交通运输/邮电	持续学习能力	自我定位能力	职业规划能力
金融(银行/基金/证券/期货/理财)	持续学习能力	自我定位能力	职业规划能力
经营管理	持续学习能力	自我定位能力	职业规划能力
酒店/旅游/会展	持续学习能力	自我定位能力	职业规划能力
矿山/石油	持续学习能力	自我定位能力	职业规划能力
媒体/出版	持续学习能力	自我定位能力	职业规划能力
美术/设计/创意	持续学习能力	职业规划能力	自我定位能力
农/林/牧/渔类	持续学习能力	自我定位能力	职业规划能力
人力资源	持续学习能力	自我定位能力	职业规划能力
社区工作者	持续学习能力	职业规划能力	自我定位能力
生产/运营	持续学习能力	自我定位能力	职业规划能力
生物/化工	持续学习能力	自我定位能力	职业规划能力
物流/采购	持续学习能力	自我定位能力	职业规划能力

续表

高职高专职业类名称	第一重要的职业能力	第二重要的职业能力	第三重要的职业能力
销售	持续学习能力	自我定位能力	职业规划能力
医疗保健/紧急救助	持续学习能力	职业规划能力	自我定位能力
幼儿与学前教育	持续学习能力	职业规划能力	自我定位能力
中小学教育	持续学习能力	职业规划能力	自我定位能力

＊个别职业类因为样本较少，没有包括在内。

数据来源：麦可思－中国2013届大学毕业生三年后职业发展跟踪评价。

六 职业素养评价

职业素养：由已经工作的毕业生（毕业三年后）选择自己工作中重要的职业素养。一个毕业生可选择多项。各项职业素养描述见表3－4－6。

表3－4－6 职业素养描述

职业素养	描述
压力承受能力	对工作中逆境引起的心理压力和负性情绪的承受与调节的能力
环境适应能力	根据工作环境条件改变自身习惯、调节自身与环境的关系的能力
洞察力	深入了解工作中遇到的各项事物或问题的能力
信息获取和选择能力	为解决工作中遇到的问题而利用一定的信息技术获取信息的能力
策略谋划能力	制定工作中的短、中、长目标并将其付诸实施的能力
责任约束感	自觉履行被赋予的工作义务的态度
忠诚度认识	对所属用人单位所表现出来的心理归属和奉献程度
协作解决问题能力	与他人合作，共同解决问题的能力

图3－4－16是2013届高职高专生毕业三年后认为各项职业素养的重要程度。可以看出，2013届高职高专生毕业三年后认为职场中环境适应和压力承受能力最重要（均为72%），其后是协作解决问题能力（70%）、信息获取和选择能力（59%）、责任约束感（57%）。

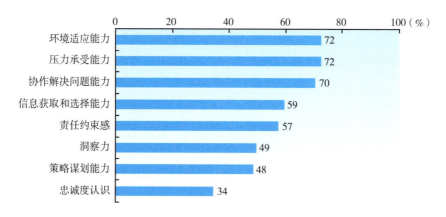

图3－4－16　2013届高职高专生毕业三年后认为各项
职业素养的重要程度

数据来源：麦可思－中国2013届大学毕业生三年后职业发展跟踪评价。

表3－4－7　2013届高职高专生毕业三年后从事的主要职业类最重要的三项职业素养[*]

高职高专职业类名称	第一重要的职业素养	第二重要的职业素养	第三重要的职业素养
保险	压力承受能力	环境适应能力	协作解决问题能力
表演艺术/影视	协作解决问题能力	环境适应能力	压力承受能力
财务/审计/税务/统计	环境适应能力	协作解决问题能力	压力承受能力
餐饮/娱乐	环境适应能力	压力承受能力	协作解决问题能力
测绘	环境适应能力	协作解决问题能力	压力承受能力
电力/能源	环境适应能力	协作解决问题能力	压力承受能力
电气/电子（不包括计算机）	环境适应能力	协作解决问题能力	压力承受能力
房地产经营	压力承受能力	环境适应能力	协作解决问题能力
服装/纺织/皮革	环境适应能力	协作解决问题能力	压力承受能力
高等教育/职业培训	环境适应能力	压力承受能力	协作解决问题能力
工业安全与质量	环境适应能力	协作解决问题能力	压力承受能力
公安/检察/法院/经济执法	环境适应能力	压力承受能力	责任约束感
行政/后勤	协作解决问题能力	压力承受能力	环境适应能力
互联网开发及应用	压力承受能力	协作解决问题能力	环境适应能力
环境保护	环境适应能力	压力承受能力	协作解决问题能力
机动车机械/电子	环境适应能力	压力承受能力	协作解决问题能力
机械/仪器仪表	环境适应能力	协作解决问题能力	压力承受能力
计算机与数据处理	压力承受能力	协作解决问题能力	环境适应能力

续表

高职高专职业类名称	第一重要的职业素养	第二重要的职业素养	第三重要的职业素养
建筑工程	环境适应能力	协作解决问题能力	压力承受能力
交通运输/邮电	环境适应能力	协作解决问题能力	压力承受能力
金融(银行/基金/证券/期货/理财)	压力承受能力	环境适应能力	协作解决问题能力
经营管理	压力承受能力	协作解决问题能力	环境适应能力
酒店/旅游/会展	压力承受能力	环境适应能力	协作解决问题能力
矿山/石油	环境适应能力	协作解决问题能力	信息获取和选择能力
媒体/出版	压力承受能力	协作解决问题能力	环境适应能力
美术/设计/创意	压力承受能力	协作解决问题能力	环境适应能力
农/林/牧/渔类	环境适应能力	协作解决问题能力	压力承受能力
人力资源	压力承受能力	环境适应能力	协作解决问题能力
社区工作者	环境适应能力	压力承受能力	协作解决问题能力
生产/运营	环境适应能力	压力承受能力	协作解决问题能力
生物/化工	环境适应能力	协作解决问题能力	压力承受能力
物流/采购	压力承受能力	协作解决问题能力	环境适应能力
销售	压力承受能力	环境适应能力	协作解决问题能力
医疗保健/紧急救助	压力承受能力	协作解决问题能力	环境适应能力
幼儿与学前教育	协作解决问题能力	环境适应能力	压力承受能力
中小学教育	环境适应能力	协作解决问题能力	压力承受能力

＊个别职业类因为样本较少，没有包括在内。

数据来源：麦可思－中国2013届大学毕业生三年后职业发展跟踪评价。

专题分析

B.16

专题一

工科毕业生需求变化趋势分析

在高校每年向经济建设输送的大学毕业生人才队伍中，工科人才约占三分之一，是我国制造业"新鲜血液"的主要来源。2017年2月，教育部、人力资源和社会保障部、工业和信息化部联合印发了《制造业人才发展规划指南》（以下简称《指南》）。从《指南》中对十大重点领域人才需求预测来看，制造业人才依然面临着结构性过剩与短缺并存的双重挑战，表现之一为基础制造、先进制造技术领域人才不足。工科类毕业生是制造业的主要"供血源"，分析工科类毕业生的需求变化对工科的建设发展，以及《中国制造2025》中提出的制造强国战略的实施具有重要意义。

基于麦可思多年积累的调查数据，工科大类[①]的高职高专毕业生需求变化如下。

---

① 工科大类包含材料与能源、电子信息、交通运输、轻纺食品、水利、土建、制造、资源开发与测绘八大类的高职高专专业。

一　人才需求稳步增加，传统产业就业比例下降

从 2012 届到 2016 届连续五年的就业情况来看，全国就业市场对高职高专的工科大类专业人才的需求稳步增加（见图 4 - 1 - 1）。

图 4 - 1 - 1　2012 ~ 2016 届工科大类高职高专生毕业半年后的就业率变化趋势

数据来源：麦可思 - 中国 2012 ~ 2016 届大学毕业生培养质量跟踪评价。

2012 届高职高专的工科大类专业毕业生的就业率为 91.1%，比非工科大类（89.9%）高 1.2 个百分点，2016 届就业率上升到 91.9%，略高于非工科大类（91.2%）。

制造业就业下降。工科大类高职高专毕业生主要就业的行业是制造业、建筑业、媒体/信息及通信三大行业。近五年的数据显示，工科大类高职高专毕业生就业的行业比例有较大变化：制造业的就业比例明显下滑；建筑业有所上升；媒体/信息及通信产业就业比例先降后升，呈小 V 形（见图 4 - 1 - 2）。2012 届工科大类高职高专毕业生有 31.2% 在制造业就业，2013 届（33.3%）有小幅增长，到 2016 届该比例下降了 6 个百分点，跌至 25.2%；建筑业的就业比例有所上升，2012 届有 17.9% 在建筑业就业，2013 届（19.7%）、2014 届（21.6%）增速较快，到 2015 届（21.7%）增速开始

放缓；媒体/信息及通信产业的就业比例在 2013 届（6.5%）、2014 届（5.8%）有所下降，2015 届（7.9%）有所回升，2016 届（7.6%）基本持平。

**图 4 - 1 - 2　2012 ~ 2016 届工科大类高职高专毕业生
就业集中的主要行业**

数据来源：麦可思 - 中国 2012 ~ 2016 届大学毕业生培养质量跟踪评价。

东部地区制造业人才需求下降最为明显。东部地区[①]的工科大类高职高专毕业生在制造业就业的比例由 2012 届的 37.0% 下跌到 2016 届的 27.8%，下降了 9.2 个百分点。

东部地区是我国的制造业聚集地，该地区的工科大类高职高专毕业生从事的制造业主要集中在电子电气仪器设备及电脑制造业、机械五金制造业、交通工具制造业。数据显示，三类制造业的人才需求减少现象是"依次"

---

① 根据我国经济社会加速发展的新形势，全国分为四大经济区域：东部地区、东北地区、中部地区和西部地区。各地区经济发展的主要内容为：东部率先发展、西部开发、东北振兴、中部崛起。具体来看，东部地区包含北京市、天津市、河北省、山东省、江苏省、上海市、浙江省、福建省、广东省、海南省；西部地区包含四川省、广西壮族自治区、贵州省、云南省、重庆市、陕西省、甘肃省、宁夏回族自治区、新疆维吾尔自治区、青海省、西藏自治区、内蒙古自治区（除呼伦贝尔市等 5 个地区）；东北地区包含黑龙江省、吉林省、辽宁省及呼伦贝尔市、兴安盟、通辽市、赤峰市、锡林郭勒盟；中部地区包含山西省、河南省、湖北省、湖南省、江西省、安徽省。

出现的（见图 4 – 1 – 3）。电子电气仪器设备及电脑制造业"率先"出现下降趋势，2012 届（11.4%）之后出现下降趋势，到 2016 届该比例下降了2.6 个百分点，下降为 8.8%；其次是机械五金制造业，在 2013 届（8.5%）保持基本持平之后也开始持续下降，到 2016 届该比例下降到 5.5%，与最高峰相比下降了 3 个百分点；交通工具制造业在 2013 届（5.2%）、2014 届（6.0%）出现了两届小幅增长后开始进入下滑趋势，呈现倒 V 形，到 2016届该比例下滑为 3.6%，与最高峰相比下滑了 2.4 个百分点。

图 4 – 1 – 3　2012 ～ 2016 届东部地区高职高专毕业生
在制造业就业比例的变化趋势

数据来源：麦可思 – 中国 2012 ～ 2016 届大学毕业生培养质量跟踪评价。

通过对东部地区家用电器、移动设备年度产量①的统计分析，可以发现其产量增速与电子电气仪器设备及电脑制造业的人才需求表现基本一致：2013 年东部地区家用电器、移动设备产量增速为 9.3%，2014 年下降为4.1%，2015 年的增速为 – 3.3%。其中，北京市、上海市的产量下降最为明显，2012 年北京地区家用电器、移动设备的产量为 21158.7 万台，到

---

①　数据来源于国家统计局网站。统计的家用电器、移动设备包含家用电冰箱、房间空调器、家用洗衣机、移动通信手持机、微型电子计算机、彩色电视机等六项。

2015 年下降为 10648.8 万台，下降幅度约为 50%；上海市则由 2012 年的
14967.1 万台下降到 2015 年的 11162.87 万台。可以看出，东部地区正在
"压缩"传统加工制造业比例，地区的产业结构正在发生变化。

二　工科大类专业相关度持续下滑，计算机类　人才质量尤需提高

　　工作与专业相关度是衡量工科类毕业生就业质量的一个重要参考值。近
三年的数据显示（见图 4 - 1 - 4），工科大类高职高专毕业生的工作与专业
相关度呈现下降趋势，2014 届工科大类有 62% 的毕业生选择专业相关领域
就业，到 2016 届该比例下降到 59%，下降了 3 个百分点，该变化趋势值得
进一步关注。

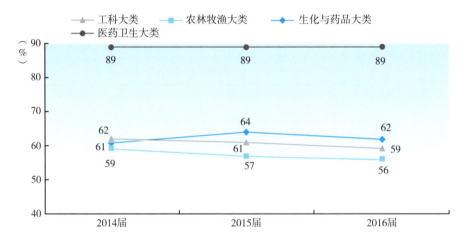

图 4 - 1 - 4　2014～2016 届工科、农林牧渔、生化与药品、医药卫生
四大类高职高专毕业生的工作与专业相关度变化趋势

数据来源：麦可思－中国 2014～2016 届大学毕业生培养质量跟踪评价。

　　进一步分析发现，有一定比例的工科大类高职高专毕业生是由于能力不
足而没有在专业相关领域就业。数据显示，2016 届从事专业无关工作的工
科大类高职高专毕业生有 12% 是因为"达不到专业相关工作的要求"。其

中，"达不到专业相关工作的要求"比例最高的是计算机类（29.9%），这一比例接近三成（见图4-1-5）。

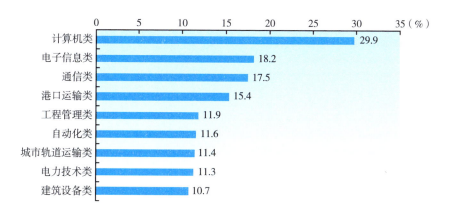

图4-1-5　2016届工科主要专业类毕业生选择"达不到专业相关的要求"的比例

数据来源：麦可思－中国2016届大学毕业生培养质量跟踪评价。

计算机类是为新一代信息技术产业提供专业技术人才的主要专业，《指南》中指出在大力推动的十大重点领域中，新一代信息技术产业的人才缺口量最大，2020年缺口750万人、2025年缺口950万人。2016届计算机类毕业生的基本工作能力满足度为81%，比工科大类高职高专毕业生平均水平（82%）低1个百分点（见图4-1-6）。可见，计算机类人才不仅需要加大培养的数量，更需要提升培养的质量。

为促进计算机类专业人才培养质量的提升，我们筛选出该类专业毕业生对教学的改进需求（见图4-1-7）。其中，诉求最高的是"实习和实践环节不够"（60%），与《指南》中明确提出的"制造业人才培养与企业实际需求脱节，产教融合不够深入、工程教育实践环节薄弱"表现一致；其次，有49%的毕业生认为目前教学"无法调动学生学习兴趣"，可以看出学生对专业教师在教学方式上的创新有很大期待；再次是"课程内容不实用或陈旧"（43%），高出工科大类高职高专毕业生平均水平（34%）9个百分点，可见计算机类专业在教学内容更新上的诉求更加突出。

197

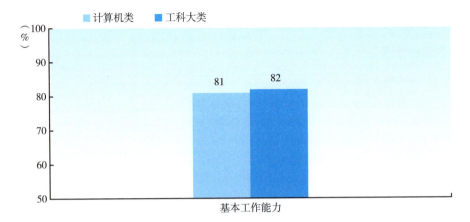

图4-1-6 2016届计算机类和工科大类毕业生毕业半年后的基本工作能力满足度

数据来源：麦可思－中国2016届大学毕业生培养质量跟踪评价。

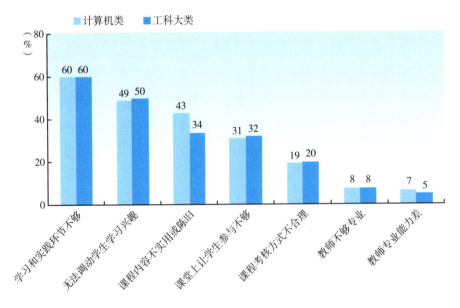

图4-1-7 2016届计算机类和工科大类毕业生认为母校的教学需要改进的地方（多选）

数据来源：麦可思－中国2016届大学毕业生培养质量跟踪评价。

同时，在能力培养的反馈中（见图4－1－8），2016届计算机类专业毕业生认为电脑编程（74%）、系统分析（72%）、疑难排解（71%）三项能力的重要度最高，其中目前电脑编程能力的满足度相对较低，为65%，系统分析能力的满足度为68%，疑难排解能力的满足度相对较高，为78%，计算机类重要度较高的前三项能力满足度均低于工科大类平均水平（82%）。

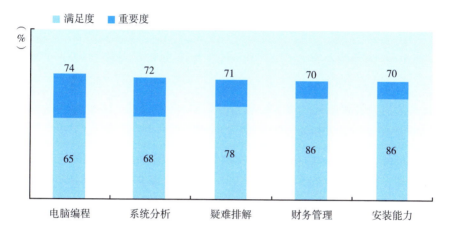

图4－1－8　2016届计算机类毕业生认为最重要的前五项能力及其满足度

数据来源：麦可思－中国2016届大学毕业生培养质量跟踪评价。

《中国制造2025》是中国全面实施制造强国战略的第一个十年行动纲领，工科大类高职高专毕业生需求变化，可反映我国工业布局、结构正发生着深远变化。中国工科类人才"后备军"的数量大、潜力强，而这支"后备军"如何能够应对市场需求变化，突破制造业人才结构性过剩与短缺并存的瓶颈，成长为中国制造的生力军，这是高校在这第一个十年中需要探索的重要命题。

B.17

专题二

大学生素养分析

2010 年国务院发布《国家中长期教育改革和发展规划纲要（2010 - 2020 年)》，提出要"树立科学的质量观，把促进人的全面发展、适应社会需要作为衡量教育质量的根本标准"，培养全面发展的人才成为国家教育改革的核心内容；2014 年教育部发布《关于全面深化课程改革，落实立德树人根本任务的意见》，旨在将十八大和十八届三中全会关于立德树人的要求落到实处，进一步提升综合育人的水平。大学生素养的培养已经成为适应社会需求、提高人才培养质量的重要方面。

麦可思自 2012 年以来每年对毕业半年后大学生的素养进行跟踪评价，以下将分析大学生素养提升与就业质量和在校体验的相关性，主要包括素养与专业相关度、素养与就业满意度、素养与职位晋升、素养与母校满意度四个方面，以及师生互动和社团活动对大学生素养提升的作用。

一 高职高专生整体素养提升高，"人文美学"稍显不足

根据麦可思数据，2014 ~ 2016 届高职高专毕业生在校期间素养提升的比例均为 96%，整体素养提升比例较高，尤其在乐观态度、积极上进和乐于助人等方面。2016 届高职高专毕业生认为在校期间提升较多的素养包括"人生的乐观态度"、"积极努力、追求上进"和"乐于助人、参与公益"（见图 4 - 2 - 1）；其中，"人生的乐观态度"提升的比例最大，为 64%。而认为在校期间提升较少的素养包括"知恩图报"、"健康卫生"和"人文美

学";其中,认为"人文美学"有所提升的学生比例最少,仅为28%,表明学校对学生在这些素养方面,尤其是"人文美学"方面的培养有待加强。

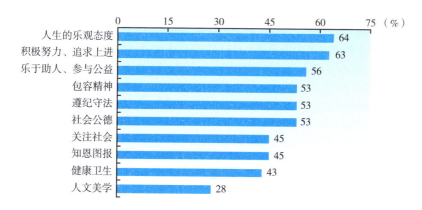

图4-2-1　2016届高职高专毕业生认为在校期间各项素养提升的情况

数据来源:麦可思-中国2016届大学毕业生培养质量跟踪评价。

二　素养提升与就业质量和在校体验的相关性

根据麦可思数据,在校期间的素养提升情况与毕业生的就业质量和在校体验存在相关关系,主要表现在工作与专业的相关度、就业满意度、工作三年内的职位晋升和母校满意度四个方面。

2016届高职高专毕业生调查总共包括十项通用素养(见图4-2-2),根据大学生选择的在校期间提升的素养数量,划分两个对比组,将提升了7项及以上素养的毕业生定义为"素养提升多"人群,占总体的比例为33.8%;将提升不足3项(包括0项,不包括3项)素养的毕业生定义为"素养提升少"人群,占总体的比例为28.9%。

(一)素养提升有利于提高就业的专业相关度

素养提升多的人群工作与专业相关度更高,反之,则工作与专业相关度更低。根据麦可思数据,2012~2016届高职高专毕业生的工作与专业相关

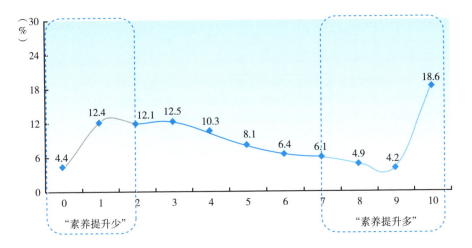

图4－2－2　2016届高职高专毕业生认为素养有提升的数量分布

数据来源：麦可思－中国2016届大学毕业生培养质量跟踪评价。

度保持在62％，较为稳定。进一步分析发现，2016届高职高专毕业生在校期间素养提升多的人群工作与专业相关度为64％，比素养提升少的人群（59％）高出5个百分点（见图4－2－3）。可见高职高专毕业生在校期间个人素养提升越多，毕业后工作与专业的相关度会更高。

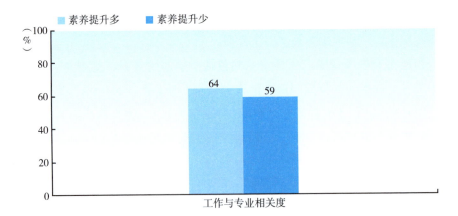

图4－2－3　2016届高职高专毕业生素养提升对工作与专业相关度的影响

数据来源：麦可思－中国2016届大学毕业生培养质量跟踪评价。

大学生在校期间培养起来的乐观向上、积极进取、关注社会等素养，有助于在"毕业季"完成自我角色转换，做好就业心理准备，正确对待求职过程中的挫折，最终实现就业目标。同时，在双向选择的就业市场中，用人单位更青睐个人素养较高的学生。麦可思近年来的用人单位跟踪评价发现，"素质"、"心态"、"团队协作"、"责任感"等词更频繁地出现在用人单位对毕业生的使用反馈中，表明用人单位对于大学生素养的重视程度进一步提高。

（二）素养提升促进了就业满意度的提高

素养提升多的人群就业满意度更高，反之，则就业满意度更低。根据麦可思数据，2014～2016届高职高专生毕业半年后就业满意度分别为59%、61%和63%，三年连续上升。进一步分析发现，2016届高职高专毕业生在校期间素养提升较多的人群对就业的满意度（69%）比素养提升较少的人群（59%）高出10个百分点（见图4-2-4），表明高职高专毕业生在校期间的素养提升越多，就业满意度越高。

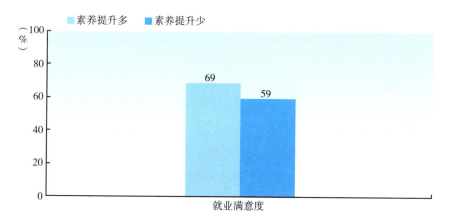

图 4-2-4 2016届高职高专毕业生素养提升对就业满意度的影响

数据来源：麦可思-中国2016届大学毕业生培养质量跟踪评价。

从对就业的满意程度来看，可以将高职高专毕业生分为"满意"和"不满意"两类群体。根据麦可思数据，2016届高职高专毕业生对就业现状"满意"的人群在各项素养所提升上的比例均高于"不满意"人群（见表4-2-1）；其中，在"人生的乐观态度"、"积极努力、追求上进"和"乐于助人、参与公益"三项素养上存在较大差异，对就业现状"满意"人群比"不满意"人群高出8个及以上百分点，表明这些素养的提升与就业现状满意度的相关性更高。

表4-2-1　2016届高职高专毕业生对就业现状是否满意群体在素养提升上的差异

各类素养	满意（%）	不满意（%）	差异（个百分点）
人生的乐观态度	68	60	8
积极努力、追求上进	67	57	10
乐于助人、参与公益	60	51	9
遵纪守法	56	50	6
社会公德	55	50	5
包容精神	55	49	6
知恩图报	48	40	8
关注社会	47	43	4
健康卫生	45	39	6
人文美学	31	24	7
没有任何帮助	3	6	-3

数据来源：麦可思-中国2016届大学毕业生培养质量跟踪评价。

（三）素养提升促进了职位晋升

素养提升多的人群职位晋升比例更高，反之，则职位晋升比例更低。根据麦可思数据，2011-2013届高职高专毕业生职位晋升比例保持在59%与60%之间，较为稳定。用人单位对毕业生的职位晋升不仅看业绩，也要考察被晋升者的素养与该职位要求的匹配度。2013届高职高专毕业生中在校期间素养提升较多的人群在毕业三年内职位晋升比例为63%，比素养提升较少的群体（58%）高出5个百分点（见图4-2-5），表明素养提升较多，毕业三年后在职位晋升中更具有竞争力。

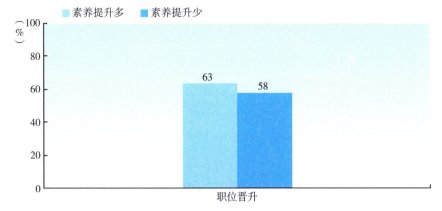

图 4 - 2 - 5 2013 届高职高专毕业生素养提升对毕业三年内职位晋升的影响

数据来源：麦可思 - 中国 2013 届大学毕业生培养质量跟踪评价；麦可思 - 中国 2013 届大学毕业生三年后职业发展跟踪评价。

2013 届高职高专生毕业三年后有职位晋升和没有得到任何职位晋升的两类人群中，在"人生的乐观态度"、"积极努力、追求上进"和"知恩图报"三项素养的提升上呈现较大差异（见表 4 - 2 - 2），有职位晋升的人群比没有职位晋升的人群分别高出 5 个以上百分点，表明这些素养的提升与毕业三年后的职位晋升的相关性更高。

表 4 - 2 - 2 2013 届高职高专毕业生毕业三年内有无职位晋升在素养提升上的差异

各类素养	有职位晋升(%)	没有职位晋升(%)	差异 （个百分点）
人生的乐观态度	65	58	7
积极努力、追求上进	62	56	6
关注社会	50	46	4
乐于助人、参与公益	50	46	4
社会公德	50	46	4
包容精神	48	44	4
遵纪守法	46	44	2
知恩图报	39	33	6
健康卫生	35	35	0
人文美学	26	23	3
没有任何帮助	4	6	- 2

数据来源：麦可思 - 中国 2013 届大学毕业生培养质量跟踪评价；麦可思 - 中国 2013 届大学毕业生三年后职业发展跟踪评价。

（四）素养提升促进了母校满意度的提高

素养提升多的人群对母校的满意度更高，反之，则对母校满意度越低。校友口碑对于高校有重要的战略意义，尤其在招生、筹款等方面，因此校友对母校的满意度不容忽视。根据麦可思数据，2014－2016届高职高专毕业生对母校的满意度分别为87%、88%和89%，三年来整体呈上升趋势，说明学生在校体验越来越好。进一步分析发现，2016届高职高专毕业生中认为在校期间素养提升较多的人群对母校的满意度为92%，明显高于素养提升较少的人群（84%）（见图4－2－6）。可见，大学生在校期间素养的提升越多，毕业后学生对母校认可程度越高。

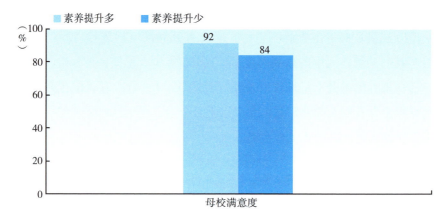

图4－2－6 2016届高职高专毕业生素养提升对母校满意度的影响

数据来源：麦可思－中国2016届大学毕业生培养质量跟踪评价。

通过对高职高专毕业生对母校表示"满意"的人群和表示"不满意"的人群在素养提升方面进行分析发现，表示"满意"的人群总体素养提升高于表示"不满意"的人群，且在各项素养的提升上也存在差异。根据麦可思数据，2016届高职高专毕业生对母校表示"满意"的人群有素养提升的比例（98%）比表示"不满意"的人群（79%）高19个百分点；其中，两类人群在"人生的乐观态度"、"积极努力、追求上进"和"乐于助人、参与公益"三项素养上的差异较大,"满意"的人群比"不满意"的人群分别高出 20 个以上百分点(见表 4 - 2 - 3),表明这些素养的提升与母校满意度的相关性更高。

表 4 - 2 - 3　2016 届高职高专毕业生对母校是否满意的群体在素养提升上的差异

各类素养	满意(%)	不满意(%)	差异（个百分点）
人生的乐观态度	67	45	22
积极努力、追求上进	66	41	25
乐于助人、参与公益	59	37	22
遵纪守法	55	37	18
社会公德	55	37	18
包容精神	55	40	15
知恩图报	47	31	16
关注社会	47	34	13
健康卫生	44	31	13
人文美学	30	19	11
没有任何帮助	2	21	- 19

数据来源:麦可思 - 中国 2016 届大学毕业生培养质量跟踪评价。

三　师生互动与社团活动是提升素养的有效途径

素养对毕业生的就业质量和在校体验产生了重要影响,学校可以通过哪些途径来提高学生的素养呢?毕业生素养提升来源于在学校的学习和生活体验,高校中的师生互动和社团活动会对学生素养产生潜移默化的影响。根据麦可思数据,高职高专学生素养的形成与师生互动和社团活动相关。

(一)师生互动促进素养提升

师生互动对学生素养提升的影响较为直接。根据麦可思数据,2016 届高职高专毕业生与教师高频互动(每周和每月至少一次)的比例为 58%,

低频互动（每学期和每年至少一次）的比例为42%（见图4-2-7）。从不同互动频率来看，每周至少一次师生互动的人群"素养提升多"的比例最高，为44.8%，超过平均水平（33.8%）；而每年至少一次师生互动的人群"素养提升多"的比例最低，仅为21.8%（见图4-2-8）。表明师生互动频率越高，学生素养的提升越多。

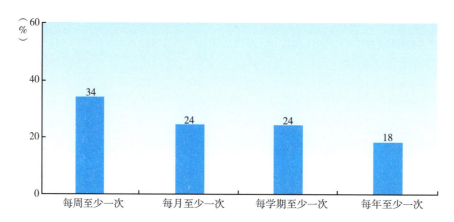

图4-2-7　2016届高职高专毕业生师生互动频率分布

数据来源：麦可思-中国2016届大学毕业生培养质量跟踪评价。

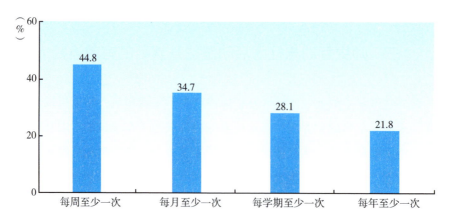

图4-2-8　不同师生互动频率的"素养提升多"人群的比例

数据来源：麦可思-中国2016届大学毕业生培养质量跟踪评价。

（二）参加社团活动能提高素养

社团活动对大学生素养的提升起到潜移默化的作用。学生在参与社团活动过程中，通过完成活动任务、与他人合作交流等形式提升素养。根据麦可思数据，2016届高职高专毕业生中有72%参与了社团活动，满意度为85%。进一步分析发现，2016届参加过社团活动的高职高专生认为在校期间素养提升的比例（97%）高于没有参加社团活动的人群（91%），不同人群在"积极努力、追求上进"、"乐于助人、参与公益"和"知恩图报"三项素养上的差异较大，参加社团活动的学生比没有参加社团活动的学生分别高出10个及以上百分点（见表4－2－4）。

表4－2－4　2016届高职高专毕业生是否参加社团活动在素养提升上的差异

各类素养	参加（%）	没有参加（%）	差异（个百分点）
人生的乐观态度	67	58	9
积极努力、追求上进	67	54	13
乐于助人、参与公益	60	46	14
包容精神	56	47	9
社会公德	55	47	8
遵纪守法	55	48	7
知恩图报	48	38	10
关注社会	47	39	8
健康卫生	45	39	6
人文美学	31	22	9
没有任何帮助	3	9	－6

数据来源：麦可思－中国2016届大学毕业生培养质量跟踪评价。

从不同类型社团活动来看：参加学术科技类社团的人群在"遵纪守法"和"知恩图报"素养的提升上比没有参加的人群高出9个百分点；参加公益类社团的人群在"乐于助人、参与公益"素养的提升上比没有参加的人群高出16个百分点；参加体育类社团的人群在"健康卫生"素养的提升上

209

比没有参加的人群高出 10 个百分点；参加社交联谊类社团的人群在"乐于助人、参与公益"和"知恩图报"素养的提升上比没有参加的人群均高出 11 个百分点；参加社会实践类社团在"乐于助人、参与公益"素养上比没有参加的人群高出 12 个百分点；参加表演艺术、文化艺术类社团的人群在"人文美学"素养的提升上比没有参加的人群分别高出 9 个和 11 个百分点（见表 4 - 2 - 5）。

表 4 - 2 - 5   2016 届高职高专毕业生参加不同类型社团活动差异最大的素养

社团类型	素养类型	参加（%）	没有参加（%）	差异（个百分点）
学术科技类社团	遵纪守法	61	52	9
	知恩图报	53	44	9
公益类社团	乐于助人、参与公益	68	52	16
体育类社团	健康卫生	51	41	10
表演艺术类社团	人文美学	36	27	9
文化艺术类社团	人文美学	38	27	11
社交联谊类社团	乐于助人、参与公益	66	55	11
	知恩图报	55	44	11
社会实践类社团	乐于助人、参与公益	66	54	12

数据来源：麦可思 - 中国 2016 届大学毕业生培养质量跟踪评价。

四　结语

在校期间素养提升较多的大学生对工作与专业的相关度、就业现状的满意度、职位晋升和母校的满意度等方面的评价会更高。在社会经济转型的同时，高校的人才培养模式也在创新——从注重学科知识转向注重学生的能力和素养的全面发展。在培养过程中，通过师生互动和社团活动，高校可以更有效地提升学生的素养，优化学生的在校体验，增强毕业生在职场的中长期竞争力。

附　录
名词解释

以下名词按照首字拼音字母的顺序排列。

B

毕业半年后：2016 届毕业生毕业第二年（即 2017 年）的 1 月左右。麦可思在此时展开跟踪评价，收集数据。此时毕业生的就业状况趋于稳定，有工作经历的毕业生也能够评估工作对自己知识、能力的要求水平。

毕业半年后的平均月收入：指毕业生毕业半年后实际每月工作收入的平均值。

毕业去向分布：麦可思将中国本科毕业生的毕业状况分为十类：受雇全职工作；受雇半职工作；自主创业；毕业后入伍；正在国内读研；正在港澳台地区及国外读研；无工作，准备国内读研；无工作，准备到港澳台地区及国外读研；无工作，继续寻找工作；无工作，其他。同理将中国高职高专毕业生的毕业状况分为七类：受雇全职工作；受雇半职工作；自主创业；毕业后入伍；毕业后读本科；无工作，继续寻找工作；无工作，其他。其中，受雇全职工作指平均每周工作 32 小时或以上。受雇半职工作指平均每周工作 20 小时到 31 小时。

毕业三年后：麦可思于 2017 年对 2013 届大学毕业生进行了三年后跟踪评价（曾于 2014 年年初对这批大学毕业生进行过半年后跟踪评价），本报告涉及的三年内的变化分析即使用两次对同一批大学生的跟踪评价数据。

毕业时掌握的核心知识水平：用于定义正在工作的大学毕业生所理解的对各项知识在刚毕业时实际掌握的级别，从低到高分为一级到七级。一级代表该知识的最低水平，取值1/7；七级代表该知识的最高水平，取值1。为了帮助答题人自评级别，问卷在一级到七级中分别举了三个例子，以帮助答题人理解知识水平差别。

毕业时掌握的基本工作能力水平：用于定义正在工作的大学毕业生所理解的对35项基本工作能力在刚毕业时实际掌握的级别，从低到高分为一级到七级。一级代表该能力的最低水平，取值1/7；七级代表该能力的最高水平，取值1。为了帮助答题人自评级别，问卷在一级到七级中分别举了三个例子，以帮助答题人理解能力差别。

C

城市类型：本研究按行政级别把中国内地城市分为以下三种类型。

a. 直辖市：包括北京、上海、天津、重庆。

b. 副省级城市：包括哈尔滨、长春、沈阳、大连、济南、青岛、南京、杭州、宁波、厦门、广州、深圳、武汉、成都、西安15个城市。部分省会城市不属于副省级城市。

c. 地级城市及以下：如绵阳、保定、苏州等，也包括省会城市如福州、银川等以及地级市下属的县、乡等。

创新能力：35项基本工作能力中与创新能力相关的几项能力，包括科学分析、批判性思维、积极学习、新产品构思四项能力。

创新创业教育：指毕业生在大学期间参加过的创新创业教育。包括："创业辅导活动"、"创业教学课程"、"创业竞赛活动"、"创业实践活动"、"其他"，一个毕业生可以选择参加多类教育。

创新创业教育有效性：毕业生选择了参加某类创新创业教育后，会再评价该类教育对其工作或学习是否有帮助。创新创业教育有效性＝参加过该类教育并表示有帮助的人数/参加过该类教育的人数。

D

大学毕业生：本科院校、高职高专院校的毕业生。

待定族：指调查时处于失业状态且不打算求职和求学的大学毕业生。

对母校的总体满意度：由毕业生回答对母校的总体满意度，选项有"很满意"、"满意"、"不满意"、"很不满意"、"无法评估"共五项。其中，"满意"、"很满意"属于满意的范围，"不满意"、"很不满意"属于不满意的范围。对母校的总体满意度是回答满意范围的人数百分比，计算公式的分子是回答满意范围的人数，分母是回答不满意范围和满意范围的总人数。

对母校的推荐度：在同等分数、同类型学校条件下，大学毕业生是否愿意推荐母校给亲朋好友去就读的比例。推荐度计算公式的分子是回答"愿意推荐"的人数，分母是回答"愿意推荐"、"不愿意推荐"、"不确定"的总人数。

到课率 = 班级实到人数/班级应到人数。

G

工作岗位要求的工作能力水平：用于定义正在工作的大学毕业生所理解的工作对 35 项基本工作能力的要求级别，从低到高分为一级到七级。一级代表该能力的最低水平，取值 1/7；七级代表该能力的最高水平，取值 1。为了帮助答题人自评级别，问卷在一到七级中分别举了三个例子，以帮助答题人理解能力差别。

工作能力：从事某项职业工作必须具备的能力，分为职业工作能力和基本工作能力。职业工作能力是从事某一职业特殊需要的能力，基本工作能力是所有工作都必须具备的能力，麦可思参考美国 SCANS 标准，把基本工作能力分为 35 项。根据麦可思的工作能力分类，中国大学生可以从事的职业共 695 个，对应的职业能力近万条。

工作要求的核心知识水平：用于定义正在工作的大学毕业生所理解的工作对各项知识的要求级别，从低到高分为一级到七级。一级代表该知识的最低水平，取值1/7；七级代表该知识的最高水平，取值1。为了帮助答题人自评级别，问卷在一到七级中分别举了三个例子，以帮助答题人理解知识水平差别。

工作与专业相关度 = 受雇全职工作并且与专业相关的毕业生人数/受雇全职工作的毕业生人数。

雇主数：指毕业生从第一份工作到三年后的调查时点，一共为多少个雇主工作过。雇主数越多，则工作转换得越频繁；雇主数可以代表毕业生工作稳定的程度。

H

行业：根据麦可思中国行业分类体系，本次调查覆盖了高职高专毕业生就业的326个行业。

行业转换率：行业转换是指毕业生在毕业半年后就业于某行业（小类），而毕业三年后进入不同的行业就业。行业转换率是指有多大比例的毕业生在毕业三年内转换了行业。其计算方法为：分母是毕业半年后有工作的毕业生数，分子是毕业三年后所在行业与半年后所在行业不同的毕业生数。

核心知识：从事某项职业工作必须具备的知识。麦可思参考美国SCANS标准，将核心知识分为28项。根据麦可思的核心知识分类，中国大学生可以从事的职业共695个，对应的职业知识近万条。

核心知识的重要度：用于定义正在工作的大学毕业生所理解的各项知识在其岗位工作中的重要程度，分为"无法评估"、"不重要"、"有些重要"、"重要"、"非常重要"和"极其重要"六个层次，数据处理时把重要性处理为百分比，0代表"不重要"，25%代表"有些重要"，50%代表"重要"，75%代表"非常重要"，100%代表"极其重要"。

核心知识的满足度：毕业时掌握的核心知识水平满足社会初始岗位的工

作要求水平的百分比，100%为完全满足。满足度计算公式的分子是毕业时掌握的核心知识水平，分母是工作要求的核心知识水平。

红牌专业：失业量较大，就业率、月收入和就业满意度综合较低的专业，为高失业风险型专业。

黄牌专业：除红牌专业外，失业量较大，就业率、月收入和就业满意度综合较低的专业。

J

基本工作能力的重要度：用于定义正在工作的大学毕业生所理解的 35 项基本工作能力在其岗位工作中的重要程度，分为"无法评估"、"不重要"、"有些重要"、"重要"、"非常重要"和"极其重要"六个层次，数据处理时把重要性处理为百分比，0 代表"不重要"，25%代表"有些重要"，50%代表"重要"，75%代表"非常重要"，100%代表"极其重要"。

基本工作能力的满足度：毕业时掌握的基本工作能力水平满足社会初始岗位的工作要求水平的百分比，100%为完全满足。满足度计算公式的分子是毕业时掌握的基本工作能力水平，分母是工作要求的水平。

经济区域：本研究把中国内地 31 个省、直辖市和自治区分为八个经济体系区域。

a. 东北区域经济体：包括黑龙江、吉林、辽宁。

b. 泛渤海湾区域经济体：包括北京、天津、山东、河北、内蒙古、山西。

c. 陕甘宁青区域经济体：包括陕西、甘肃、宁夏、青海。

d. 中原区域经济体：包括河南、湖北、湖南。

e. 泛长江三角洲区域经济体：包括上海、江苏、浙江、江西、安徽。

f. 泛珠江三角洲区域经济体：包括广东、广西、福建、海南。

g. 西南区域经济体：包括重庆、四川、贵州、云南。

h. 西部生态经济区：包括西藏、新疆。

　　就业地：指大学毕业生在接受调查时的就业所在地区。

　　就业经济区域自主创业比例 = 在本经济区域自主创业的毕业生人数/在本经济区域就业的毕业生人数。

　　就业率：本科毕业生的就业率 = 已就业本科毕业生数/需就业的总本科毕业生数；需要注意的是，按劳动经济学的就业率定义，已就业人数不包括国内外读研人数，需就业的总毕业生数也不包括国内外读研的人数；政府教育机构统计的就业率通常包括国内外读研人数，也就是本报告中的非失业率。

　　高职高专毕业生的就业率 = 已就业高职高专毕业生数/需就业的总高职高专毕业生数；其中，已就业人数不包括读本科人数，需就业的总毕业生数也不包括读本科人数。

　　就业满意度：由就业的毕业生对自己目前的就业现状进行主观判断，选项有"很满意"、"满意"、"不满意"、"很不满意"、"无法评估"共五项。其中，选择"满意"或"很满意"的人属于对就业现状满意，选择"不满意"或"很不满意"的人属于对就业现状不满意。

　　教学满意度：由毕业生回答对母校的教学满意度，选项有"很满意"、"满意"、"不满意"、"很不满意"、"无法评估"共五项。其中，"满意"、"很满意"属于满意的范围，"不满意"、"很不满意"属于不满意的范围。教学满意度是回答满意范围的人数百分比，计算公式的分子是回答满意范围的人数，分母是回答不满意范围和满意范围的总人数。

　　教师提问频率 = 教师使用 Mita 提问次数/使用 Mita 上课次数。本研究将教师课堂提问的频率分为以下四种级别：

　　每次课都提问：即"用 Mita 提问次数"/"用 Mita 上课次数"的结果大于等于 1。

　　经常提问：即"用 Mita 提问次数"/"用 Mita 上课次数"的结果大于等于 0.5。

　　偶尔提问：即"用 Mita 提问次数"/"用 Mita 上课次数"的结果大于 0，且小于 0.5。

　　从不提问：即"用 Mita 提问次数"/"用 Mita 上课次数"的结果等于 0。

K

课程的重要度： 由就业和正在国内外读研或读本科的毕业生判定课程在自己的工作或学习中是否重要。毕业生对课程对工作或学习的重要度评价分为"无法评估"、"不重要"、"有些重要"、"重要"、"非常重要"、"极其重要"，其中"有些重要"、"重要"、"非常重要"、"极其重要"属于重要的范围。

课程的满足度： 回答了课程"有些重要"到"极其重要"的毕业生会被要求回答课程训练是否满足工作或学习要求，满足度指标是回答某课程能满足工作或学习的百分比。计算公式的分子是回答"满足"的人数，分母是回答"满足"和"不满足"的总人数。

课堂测验频率 = 教师使用 Mita 发起课堂测验次数/使用 Mita 上课次数。本研究将课堂测验的频率分为以下四种级别：

每次课都测验：即"用 Mita 测验次数"/"用 Mita 上课次数"的结果大于等于1。

经常测验：即"用 Mita 测验次数"/"用 Mita 上课次数"的结果大于等于0.5。

偶尔测验：即"用 Mita 测验次数"/"用 Mita 上课次数"的结果大于0，且小于0.5。

从不测验：即"用 Mita 测验次数"/"用 Mita 上课次数"的结果等于0。

L

离职类型： 分为主动离职（辞职）、被雇主解职、两者均有（离职两次以上可能会出现）三类情形。

离职率： 有过工作经历的毕业生（从毕业时到 2016 年 12 月 31 日）有多大百分比发生过离职。离职率 = 曾经发生离职行为的毕业生人数/现在工

作或曾经工作过的毕业生人数。

绿牌专业：失业量较小，就业率、月收入和就业满意度综合较高的专业，为需求增长型专业。

Q

期望薪酬：根据毕业生所期待的月度薪酬区间，取中位数代表其平均期望薪酬。

企业下载简历数量：指毕业生简历被企业下载的次数，一个毕业生的简历可以被企业下载 1 次或多次。

S

素养提升：由毕业生选择，大学帮助自己在哪些方面素养得到明显提升。一个毕业生可选择多项，也可选择"没有任何帮助"。工程类、艺术类、医学类专业在素养培养上有各自的特点，故这里的素养选项有所不同。

社团活动：指毕业生在大学期间参加过的社团活动。社团活动包括："学术科技类（如：统计协会、哲学社、英语角等）"、"社会实践类（如：创业协会等）"、"公益类（如：志愿者协会等）"、"社交联谊类"、"文化艺术类（如：文学社、书画协会等）"、"表演艺术类（如：演讲与口才、歌舞戏剧、声乐器乐协会等）"、"体育户外类"，一个毕业生可以选择参加多类社团活动，也可以选择"没参加任何社团活动"。

社团活动满意度：毕业生选择了参加某类社团活动后，会再评价该类社团活动是否满意。社团活动满意度 ＝ 参加过该类社团活动并表示满意的人数/参加过该类社团活动的人数。

生活服务满意度：由毕业生回答对母校的生活服务满意度，选项有"很满意"、"满意"、"不满意"、"很不满意"、"无法评估"共五项。其中，"满意"、"很满意"属于满意的范围，"不满意"、"很不满意"属于不满意的范围。生活服务满意度是回答满意范围的人数百分比,计算公式的分子是回答满意范围的人数,分母是回答不满意范围和满意范围的总人数。

失业率 = 未就业毕业生数/需就业的总毕业生数,需就业的总毕业生数不包括国内外读研(本科毕业生)、读本科(高职高专毕业生)的人数。

W

未就业:本研究将应届毕业生在毕业半年后调查时没有全职或者半职雇用工作,也没有创业、入伍或升学的状态,视为未就业。这包括准备考研、准备出国读研、还在找工作和"待定族"四种情况。

五大类基本工作能力:麦可思参考美国 SCANS 标准,35 项基本工作能力可划归为五大类型,分别是理解与交流能力、科学思维能力、管理能力、应用分析能力和动手能力。

X

学生工作满意度:由毕业生回答对母校的学生工作满意度,选项有"很满意"、"满意"、"不满意"、"很不满意"、"无法评估"共五项。其中,"满意"、"很满意"属于满意的范围,"不满意"、"很不满意"属于不满意的范围。学生工作满意度是回答满意范围的人数百分比,计算公式的分子是回答满意范围的人数,分母是回答不满意范围和满意范围的总人数。

Y

已就业人群:包括"受雇全职工作"、"受雇半职工作"、"自主创业"、"毕业后入伍"四类人群。

月收入:指工资、奖金、业绩提成、现金福利补贴等所有的月度现金收入。

月收入的"**增长率**"=（2016 届毕业生的平均月收入 – 2015 届毕业生的平均月收入）/2015 届毕业生的平均月收入。

月收入增长 = 毕业三年后的月收入 – 毕业半年后的月收入。

月收入涨幅 = 月收入增长/毕业半年后的月收入。

Z

职位晋升：由已经工作的毕业生回答是否获得职位晋升以及获得晋升的次数。职位晋升是指享有比前一个职位更多的职权并承担更多的责任，由毕业生主观判断。这既包括不换雇主的内部提升，也包括通过更换雇主实现的晋升。

职位晋升次数：由毕业生回答获得职位晋升的次数，计算公式的分子是三年内毕业生获得的职位晋升次数，没有获得职位晋升的人记为 0 次，分母是三年内就业和就业过的毕业生数。

职业：根据麦可思中国职业分类体系，本次调查覆盖了高职高专毕业生能够从事的 550 个职业。

职业素养：由已经工作的毕业生（毕业三年后）选择自己工作中重要的职业素养。一个毕业生可选择多项。

职业期待吻合度：毕业生被调查时的工作与职业期待吻合的人数百分比。

职业转换：职业转换是指毕业生在毕业半年后从事某种职业，毕业三年后由原职业转换到不同的职业。转换职业通常在工作单位内部完成的并不代表离职；反过来讲，更换雇主可能也不代表转换职业。

职业转换率：职业转换率是指有多大比例的毕业生在毕业三年内转换了职业。其计算方法为：分母是毕业半年后有工作的毕业生数，分子是毕业三年后从事的职业与半年后从事的职业不同的毕业生数。

专升本：指高职高专毕业生毕业后继续就读本科。有专升本、专插本、专接本、专转本多种形式，本报告中统一称为"专升本"。

　　专业大类：按照教育部的专业目录以及学校新增的专业，本次调查覆盖了高职高专院校所开设的专业大类 18 个。

　　专业类：按照教育部的专业目录以及学校新增的专业，本次调查覆盖了高职高专院校所开设的专业类 75 个。

　　专业：按照教育部的专业目录以及学校新增的专业，本次调查覆盖了高职高专院校所开设的专业 644 个。

　　自主创业集中的行业类比例：自主创业人群中有多大比例毕业生在该行业类就业，分子是自主创业人群中在该行业类就业的毕业生人数，分母是毕业生自主创业的总人数。

　　自主创业集中的职业类比例：自主创业人群中有多大比例的毕业生从事该职业类。分子是自主创业人群中从事该职业类的毕业生人数，分母是毕业生自主创业的总人数。

B.19
主要参考文献

［1］ E. Grady Bogue, Kimberely Bingham Hall. *Quality and Accountability in Higher Education*［M］. Greenwood Publishing Group, Inc, 2003.

［2］ James D. Fearon. 2002. Selection Effects and Deterrence. International Interaction. 28：5 – 29.

［3］ 麦可思研究院编著《2014 年中国大学生就业报告》，社会科学文献出版社，2014。

［4］ 麦可思研究院编著《2015 年中国高职高专生就业报告》，社会科学文献出版社，2015。

［5］ 麦可思研究院编著《2016 年中国高职高专生就业报告》，社会科学文献出版社，2016。

［6］《中华人民共和国职业分类大典》，中国劳动社会保障出版社，1999。

［7］《中华人民共和国职业分类大典》（2005 增补本），中国劳动社会保障出版社，2005。

社会科学文献出版社

皮书系列

❖ 皮书起源 ❖

"皮书"起源于十七、十八世纪的英国，主要指官方或社会组织正式发表的重要文件或报告，多以"白皮书"命名。在中国，"皮书"这一概念被社会广泛接受，并被成功运作、发展成为一种全新的出版形态，则源于中国社会科学院社会科学文献出版社。

❖ 皮书定义 ❖

皮书是对中国与世界发展状况和热点问题进行年度监测，以专业的角度、专家的视野和实证研究方法，针对某一领域或区域现状与发展态势展开分析和预测，具备原创性、实证性、专业性、连续性、前沿性、时效性等特点的公开出版物，由一系列权威研究报告组成。

❖ 皮书作者 ❖

皮书系列的作者以中国社会科学院、著名高校、地方社会科学院的研究人员为主，多为国内一流研究机构的权威专家学者，他们的看法和观点代表了学界对中国与世界的现实和未来最高水平的解读与分析。

❖ 皮书荣誉 ❖

皮书系列已成为社会科学文献出版社的著名图书品牌和中国社会科学院的知名学术品牌。2016年，皮书系列正式列入"十三五"国家重点出版规划项目；2012~2016年，重点皮书列入中国社会科学院承担的国家哲学社会科学创新工程项目；2017年，55种院外皮书使用"中国社会科学院创新工程学术出版项目"标识。

中国皮书网

发布皮书研创资讯，传播皮书精彩内容
引领皮书出版潮流，打造皮书服务平台

栏目设置

关于皮书：何谓皮书、皮书分类、皮书大事记、皮书荣誉、
　　　　　皮书出版第一人、皮书编辑部
最新资讯：通知公告、新闻动态、媒体聚焦、网站专题、视频直播、下载专区
皮书研创：皮书规范、皮书选题、皮书出版、皮书研究、研创团队
皮书评奖评价：指标体系、皮书评价、皮书评奖
互动专区：皮书说、皮书智库、皮书微博、数据库微博

所获荣誉

2008 年、2011 年，中国皮书网均在全国新闻出版业网站荣誉评选中获得"最具商业价值网站"称号；

2012 年，获得"出版业网站百强"称号。

网库合一

2014 年，中国皮书网与皮书数据库端口合一，实现资源共享。更多详情请登录 www.pishu.cn。

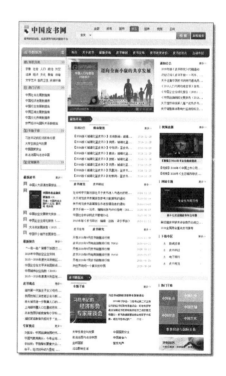

权威报告·热点资讯·特色资源

皮书数据库
ANNUAL REPORT(YEARBOOK)
DATABASE

当代中国与世界发展高端智库平台

所获荣誉

- 2016年，入选"国家'十三五'电子出版物出版规划骨干工程"
- 2015年，荣获"搜索中国正能量 点赞2015""创新中国科技创新奖"
- 2013年，荣获"中国出版政府奖·网络出版物奖"提名奖
- 连续多年荣获中国数字出版博览会"数字出版·优秀品牌"奖

成为会员

通过网址www.pishu.com.cn或使用手机扫描二维码进入皮书数据库网站，进行手机号码验证或邮箱验证即可成为皮书数据库会员（建议通过手机号码快速验证注册）。

会员福利

- 使用手机号码首次注册会员可直接获得100元体验金，不需充值即可购买和查看数据库内容（仅限使用手机号码快速注册）。
- 已注册用户购书后可免费获赠100元皮书数据库充值卡。刮开充值卡涂层获取充值密码，登录并进入"会员中心"—"在线充值"—"充值卡充值"，充值成功后即可购买和查看数据库内容。

数据库服务热线：400-008-6695
数据库服务QQ：2475522410
数据库服务邮箱：database@ssap.cn
图书销售热线：010-59367070/7028
图书服务QQ：1265056568
图书服务邮箱：duzhe@ssap.cn

社会科学文献出版社 皮书系列
SOCIAL SCIENCES ACADEMIC PRESS (CHINA)
卡号：195824653664
密码：

S子库介绍
ub-Database Introduction

中国经济发展数据库

涵盖宏观经济、农业经济、工业经济、产业经济、财政金融、交通旅游、商业贸易、劳动经济、企业经济、房地产经济、城市经济、区域经济等领域，为用户实时了解经济运行态势、把握经济发展规律、洞察经济形势、做出经济决策提供参考和依据。

中国社会发展数据库

全面整合国内外有关中国社会发展的统计数据、深度分析报告、专家解读和热点资讯构建而成的专业学术数据库。涉及宗教、社会、人口、政治、外交、法律、文化、教育、体育、文学艺术、医药卫生、资源环境等多个领域。

中国行业发展数据库

以中国国民经济行业分类为依据，跟踪分析国民经济各行业市场运行状况和政策导向，提供行业发展最前沿的资讯，为用户投资、从业及各种经济决策提供理论基础和实践指导。内容涵盖农业，能源与矿产业，交通运输业，制造业，金融业，房地产业，租赁和商务服务业，科学研究，环境和公共设施管理，居民服务业，教育，卫生和社会保障，文化、体育和娱乐业等100余个行业。

中国区域发展数据库

对特定区域内的经济、社会、文化、法治、资源环境等领域的现状与发展情况进行分析和预测。涵盖中部、西部、东北、西北等地区，长三角、珠三角、黄三角、京津冀、环渤海、合肥经济圈、长株潭城市群、关中—天水经济区、海峡经济区等区域经济体和城市圈，北京、上海、浙江、河南、陕西等34个省份及中国台湾地区。

中国文化传媒数据库

包括文化事业、文化产业、宗教、群众文化、图书馆事业、博物馆事业、档案事业、语言文字、文学、历史地理、新闻传播、广播电视、出版事业、艺术、电影、娱乐等多个子库。

世界经济与国际关系数据库

以皮书系列中涉及世界经济与国际关系的研究成果为基础，全面整合国内外有关世界经济与国际关系的统计数据、深度分析报告、专家解读和热点资讯构建而成的专业学术数据库。包括世界经济、国际政治、世界文化与科技、全球性问题、国际组织与国际法、区域研究等多个子库。

法 律 声 明

　　“皮书系列”（含蓝皮书、绿皮书、黄皮书）之品牌由社会科学文献出版社最早使用并持续至今，现已被中国图书市场所熟知。“皮书系列”的LOGO（ ）与“经济蓝皮书”“社会蓝皮书”均已在中华人民共和国国家工商行政管理总局商标局登记注册。“皮书系列”图书的注册商标专用权及封面设计、版式设计的著作权均为社会科学文献出版社所有。未经社会科学文献出版社书面授权许可，任何使用与“皮书系列”图书注册商标、封面设计、版式设计相同或者近似的文字、图形或其组合的行为均系侵权行为。

　　经作者授权，本书的专有出版权及信息网络传播权为社会科学文献出版社享有。未经社会科学文献出版社书面授权许可，任何就本书内容的复制、发行或以数字形式进行网络传播的行为均系侵权行为。

　　社会科学文献出版社将通过法律途径追究上述侵权行为的法律责任，维护自身合法权益。

　　欢迎社会各界人士对侵犯社会科学文献出版社上述权利的侵权行为进行举报。电话：010－59367121，电子邮箱：fawubu@ ssap. cn。

社会科学文献出版社